SPANISCHE

Michael George (Fotos)
Consuelo M. Correcher (Text)

SPANISCHE GÄRTEN

GÄRTEN

Deutsche Verlags-Anstalt · Stuttgart

SEITE 1
Hortus Botanicus Marimurtra. Die große Treppe, die Dr. P. Font y Quer gewidmet ist.

SEITE 2
Santa María de las Nieves. Kletterrosen im Garten des Kreuzgangs.

SEITE 3
La Majada del Lentisco. Rosa Banksiae »Lutea« im großen Patio.

SEITE 4-5
Jardín de El Príncipe in Aranjuez. Beet mit Salvien.

SEITE 7
Torrebeleña. An einem Baum emporrankende Rosen im Privatgarten von Lino Llamas Madurga und Clara María González de Amezúa in der Provinz Madrid.

SEITE 8
Garten des Kreuzgangs im Kloster San Lorenzo de Trasouto. Ein Gärtner beim Formschnitt der Buchshecken.

SEITE 9
Casa de Pilatos. Bougainvillea.

SEITE 20-21
Los Molinillos. Der Ehrenhof und das Wohngebäude.

SEITE 38-39
Los palacios de Galiana. Die Zisterne.

SEITE 78-79
Palacio de Oca. Der untere Teich mit dem steinernen Boot.

SEITE 96-97
Santa Clotilde. Ansicht des Gartens und Blick auf das Mittelmeer.

SEITE 114-115
S'Avall. Der Kakteengarten.

SEITE 124-125
Monforte. Blick auf den romantischen Garten, im Vordergrund der klassizistische Garten.

SEITE 132-133
El Generalife. Gärten des 20. Jahrhunderts.

Aus dem Amerikanischen übertragen von
Laila Neubert-Mader

Alle Fotografien dieses Buches sind mit Olympus-Kameras und -Objektiven aufgenommen worden. Der Fotograf dankt Olympus Amerika für die großzügige Unterstützung.

Die Deutsche Bibliothek – CIP-Einheitsaufnahme

Spanische Gärten / Michael George (Fotos). Consuelo M. Correcher (Text).
[Aus dem Amerikan. übertr. von Laila Neubert-Mader]. –
Stuttgart : Deutsche Verlags-Anstalt, 1997
Einheitssacht.: The gardens of Spain <dt.>
ISBN 3-421-03129-0 Gb.

Erstveröffentlichung 1993 unter dem Titel »The Gardens of Spain«
bei Harry N. Abrams, Inc., New York. A Times Mirror Company

Lektorat: Andrea Bartelt
Druck und Bindung: arti grafiche Saturnia, Roncafort di Trento
ISBN 3-421-03129-0
Printed in Italy

Inhalt

Dank

Die Veröffentlichung des vorliegenden Buches wäre nicht ohne den Rat und die Unterstützung von anderer Seite möglich gewesen. Allen voran habe ich meiner hervorragenden Co-Autorin Consuelo M. Correcher zu danken. Sie ist eine unübertroffene Kennerin der spanischen Gartenkunst, und ihr Beitrag zu diesem Buch ist vor allem deswegen so dankenswert, weil die Auswahl der vorgestellten Gärten bereits getroffen war, bevor sie damit beauftragt wurde, die Begleittexte zu verfassen. Weiter gilt mein Dank Lincoln Kirstein, er ließ mir von Anfang an seine Unterstützung zu Teil werden. Er war es auch, der mir vorschlug, ernsthaft ein Buch über spanische Gartenkunst ins Auge zu fassen. Inmaculada von Habsburg-Lothringen, der damaligen Direktorin des Spanischen Instituts, bin ich zu ebenfalls zu Dank verpflichtet. Sie erzählte mir als erste von dem Palacio de Oca, wo sie gelegentlich bei ihrem Vetter Ignacio, dem Herzog von Segorbe zu Gast war. Ferner haben mir der Direktor des Spanischen Fremdenverkehrsbüros in New York, Francisco Giron und Pilar Vico, die Leiterin der Öffentlichkeitsarbeit in überaus freundlicher und großzügiger Weise geholfen.

Ich habe noch von vielen anderen Menschen Ermutigung und Hilfe erfahren. All diejenigen, die zum Entstehen des vorliegenden Buches beigetragen haben, nicht zuletzt auch die privaten Gartenbesitzer, bitte ich um Verständnis dafür, daß ich sie hier nur in einer allgemeinen Namensliste aufzähle und meinen Dank nicht ausführlicher zum Ausdruck bringe. Zugleich hoffe ich, daß diejenigen, die ich versehentlich bei der Zusammenstellung der Namensliste vergessen haben sollte, mir diese Unterlassung nachsehen mögen. Schließlich möchte ich noch einen ganz besonderen Dank an meine Freunde Elaine Markson und Geri Thoma von der Elaine Markson Literary Agency, Inc. richten.

In Spanien geht mein Dank an: José Juan Abrines, ehemaliger Direktor des Patronato Provincial de Turismo de Costa del Sol; María Luisa Albacar, Leiterin der Öffentlichkeitsarbeit des Patronato Municipal de Turisme de Barcelona; Christopher González-Aller; Peggy González-Aller; Juan Antonio Bertran; José Elías Bonells, Gartenamtsleiter von Sevilla (Parques y Jardines, Ayuntamiento de Sevilla); Graf und Gräfin von Bornos; Helena Cambó und Ramón Guardans; José Antonio del Canizo Perate, Gartenamtsleiter von Málaga (Parques y Jardines, Ayuntamiento de Málaga); Santiago Castroviejo, Leiter des Botanischen Gartens in Madrid; Marquise von Corvery; Sofía Domecq; Manuel Domecq-Zurita; Marquis und Marquise von La Esperanza; Trinidad Jiménez-Lopera de Fierro; Margaret Gimson; Fernando Gómez Alcaína, Gartenamtsleiter von Granada; Tomás Gómez Quesada, ehemaliger Direktor des Patronato Provincial de Turismo de Granada; Felisa Hernández, Leiterin der Öffentlichkeitsarbeit des Patronato Municipal de Turismo de Sevilla; Gerald S. Huggan; Juan Joyanes, Direktor des Patronato Provincial de Turismo de Córdoba; Clara María González de Amezúa de Llamas; Kirk Long; Herzogin von Mandas; Carmen Marañón de Fernández-Araoz; Bartolomé March Severa; Jordi de Mas, Gartenamtsleiter von Barcelona (Parques/ Jardines, Ayuntamiento de Barcelona); Gräfin von La Maza, Herzogin von Medina de las Torres y Soma; Marta Moriarty; Miguel de Oriol e Ybarra und Inés de Sarriera de Oriol; Francisco Páez de la Cadena; Iñaki Pagola.

Patrimonio Nacional (Nationales Kulturerbe): Daniel Camina Carrasco, Direktor des Real Sitio de Aranjuez; Angel Fernández Cocero, stellvertretender Direktor des Real Sitio de La Granja de San Ildefonso; Pedro Criado Juárez, Direktor des Real Sitio Kloster San Lorenzo el Real de El Escorial; Juan Pedrola Monfort, Leiter des Botanischen Gartens Marimurtra; Gerardo Quintana, ehemaliger Direktor der Öffentlichkeitsarbeit des Patronato Municipal de Turismo de Sevilla; Dr. Mateo Revilla, Direktor des Patronato de la Alhambra y Generalife; die Familie der verstorbenen Marquise von Roviralta de Santa Clotilde; María José Ruíz von der Abteilung für Öffentlichkeitsarbeit des Patronato Provincial de Turismo de Granada; María de Salamanca, Gräfin Larisch; Herzog von Segorbe; Leandro Silva Delgado und Julia Casaravilla; Montserrat Tortras Balcells, Vorsitzende der Vereinigung »Los Amigos de Jardines« in Barcelona; William Tucker; Nadine Ulloa; Piru de Urquijo; Alfonso Zobel de Ayala; Mary Melian Zobel und Sylvia Melian de Zobel.

In New York richtet sich mein Dank an: Paul Gottlieb, Verleger, Aufsichtsratsvorsitzender und Herausgeber; Eric Himmel, geschäftsführender Herausgeber und Darilyn Lowe Carnes, Leiterin der Herstellung von Harry N. Abrams, Inc.; Douglas Brenner; Dudley P. Frasier; Elena Garrigues; Donald L. Hillegas; Timothy S. Jensen; Anthony Korner, Verleger von Artforum International; Pamela Lord, Verlagsberaterin von The Garden Book Club; Ada Marina Newman von der Abteilung für Öffentlichkeitsarbeit des Tourist Office of Spain; Denis Otis; David Parker, Esq. von Kleinberg, Kaplan, Wolff & Cohen, P.C.; Catherine Powis, Bibliothekarin bei der Horticultural Society of New York; Oscar de la Renta; William S. Rieder, assoziierter Kurator für Europäische Bildhauerei und Bildende Kunst des Metropolitan Museum of Modern Art; Elizabeth Barlow Rogers, Verwaltungschefin des Central Park; Jill Rose, Beiratsvorsitzende des International Center of Photography; José Suárez, Manager von 380 Copy Services und Marcia T. Thompson, stellvertretende Vorsitzende des National Arts Stabilization Fund.

Michael George

Castillo de Layos. Hortensien auf dem Rand des Brunnens im Patio.

1834

Einführung

Spanien nimmt den größten Teil der Iberischen Halbinsel ein; es liegt zwischen zwei Meeren, die geschichtlich von größter Bedeutung sind: dem Atlantischen Ozean und dem Mittelmeer. In beiden Meeren gibt es zu Spanien gehörende Inselgruppen – im Atlantik die Kanarischen Inseln und im Mittelmeer die Balearen. Für die alten Griechen, die das Mittelmeer erforschten und an seinen Ufern Siedlungen gründeten, lag Spanien, dem sie den Namen »Hesperia« gaben, am Ende der Welt. Ihrer Vorstellung nach befand sich hier ein wunderbarer Garten, in dem ein Baum mit goldenen Äpfeln gedieh, von denen die Göttin Hera einige als Geschenk von der Göttermutter Gaia erhalten hatte, als sie Zeus heiratete. Die Griechen nannten diesen Ort »Garten der Hesperiden«, benannt nach den »Nymphen des Abends«, den Jungfrauen, die diesen in Richtung des Sonnenuntergangs gelegenen mythologischen Ort bewachten. So steht also der Name dieses legendären ersten Gartens als Symbol für die enge Verbindung Spaniens zu seinen alten Traditionen.

Wenn wir nun die Jahrtausende mit einem Riesenschritt bis ins 16. Jahrhundert überspringen, sehen wir, daß die spanische Atlantikküste nicht nur das Ende der Alten Welt, sondern zugleich auch der Anfang der Neuen Welt war. Von hier aus erschloß sich Europa die Neue Welt und kolonisierte weite Teile Amerikas. Zwischen dem Erbe der Alten Welt und den unerwarteten Entdeckungen der Neuen Welt finden wir den Schlüssel, mit dem wir uns die Gärten Spaniens erschließen können.

Die geographische Ausdehnung von Spanien entspricht, ohne die Inseln, etwa der Gesamtfläche von Deutschland, Österreich und der Schweiz. Es gibt extrem unter-

Wie alle Hochplateaus in gemäßigten Klimazonen hat auch die spanische Meseta strenge Winter und heiße Sommer. Erfreulicherweise kompensiert die Natur diese Härte im Frühjahr mit einer wahren Blütenexplosion, die allerdings nur etwa einen Monat anhält.

SEITE 12
Das Architekturelement des Patios – ein offener, arkadengesäumter Hofbereich in der Mitte des Hauses – ist ein Erbe der Römerzeit. Die gepflegten schlichten Patios in der Altstadt von Sevilla stehen in großem Kontrast zu den offeneren, freundlichen Patios in Córdoba. In dem hier abgebildeten Patio vermitteln Schusterpalmen, Fliesen im Schachbrettmuster und polierte Kupfergefäße den Eindruck, als stünde das Leben in diesem Patio still.

Vereinzelte Ölbäume und Stein-Eichen wachsen auf dem steinigen Grund von Santa María de las Nieves, das auf der Meseta nicht weit von Toledo liegt.

schiedliche Klimate: Auf den Höhen der Sierras liegt ewiger Schnee, in den nördlichen Provinzen ist das Klima feucht und gemäßigt, und im Zentrum Spaniens werden fast drei Viertel von der ariden Hochebene, der Meseta, eingenommen. Hier sind die Winter bitterkalt und die Sommer glutheiß. An der Mittelmeerküste herrscht dagegen subtropisches Klima. Neben einer sehr reichen Flora mit mehr als achttausend Arten gibt es nur eine relativ geringe Zahl von heimischen Bäumen und Sträuchern. Zu den Hauptarten, die typisch für die extremen Klimabedingungen in Spanien sind, gehören die Stein-Eiche, spanisch »encina« (Quercus ilex) und verwandte Arten wie die Kork-Eiche (Quercus suber), die Trauben-Eiche (Quercus petraea) und einige andere. Charakteristisch sind auch der Ölbaum (Olea europea) und der wilde Ölbaum, spanisch »acebuche« genannt. Die immergrüne Stein-Eiche wird meistens nicht sehr hoch, aber relativ alt. Auch der Ölbaum ist ein relativ niedrig wachsender Baum, dessen Langlebigkeit geradezu legendär ist. Er ist möglicherweise gegen Ende des zweiten Jahrtausends v. Chr. von den Phöniziern nach Spanien eingeführt worden.

Stein-Eichen und Ölbäume findet man überall in Spanien. In vielen Landschaften wachsen sie zwischen so vertrauten Bäumen wie Wacholder, Pinie, Berg-Ahorn, Berg-Esche, Mandel, Süßkirsche, Walnuß, Erdbeerbaum und Haselnuß. Sie gehören auch zu den wichtigsten Arten der Macchia-Gewächse, die für alle Länder rund um das Mittelmeer typisch sind. Die Flußtäler werden oft von Galeriewäldern mit ihren typischen Ulmen- und Pappelbeständen begleitet.

Die Entwicklung der spanischen Gartenkultur ist durch eine Folge von kulturellen und politischen Ereignissen begründet. Das heutige Spanien resultiert aus den Einflüssen verschiedener Völker, die durch das Mittelmeer fuhren, die die Afrika und Europa verbindende Straße von Gibraltar durchquerten oder die Pyrenäen überwanden. Von Süden und Osten kamen Iberer, Phönizier, Griechen, Karthager, Römer, Araber, Berber und Juden, von Norden Kelten, Vandalen, Sueben, Alaner und Westgoten.

Es waren insbesondere zwei Kulturen, die ihre Spuren auf der Iberischen Halbinsel hinterlassen und ihr ein reiches gartenkünstlerisches Erbe vermacht haben: Auf die siebenhundert Jahre währende Herrschaft der Römer (von 205 v. Chr. bis 500 n. Chr.) folgte die Besetzung durch die Mauren von 711 bis 1492, die erst endete, als Granada, die letzte Bastion der Mauren, in die Hände der christlichen Königreiche von Kastilien und Aragonien fiel. Man darf allerdings auch den Beitrag der Juden zur Kultur Spaniens nicht vergessen. Die größte Leistung der spanischen Gesellschaft vor der Reconquista, der Wiedereroberung, und der dann folgenden Vertreibung der beiden vitalsten Bevölkerungsgruppen, den Mauren und den Juden, war die Schaffung einer pluralistischen Gesellschaft. Hier erlebten Kunst, Literatur und

Wissenschaften im harmonischen Miteinander dreier unterschiedlicher Völker eine Blütezeit.

Man muß nicht die Archäologen bemühen und sie Überreste von herrlichen Gärten in Mérida, Segóbriga, Italica und vielen anderen Orten auf der Halbinsel vorführen lassen, um den Einfluß der Römer auf die spanische Gartenkunst zu entdecken. Gleichermaßen auf dem Land als auch in der Stadt zu Hause, schufen die Römer den Prototyp des spanischen Gartenhofs, den »Patio«, indem sie das Peristyl, das sie von den Griechen übernommen hatten, hier den spezifischen neuen Gegebenheiten anpaßten. Ihre Ziergärten legten die Römer im Herzen ihrer Besitzungen, im »hortus«, an. Die weitläufigen Landgüter, die sich mit ihren Obst- und Gemüsegärten selbst versorgten, gaben der spanischen Landschaft vielerorts charakteristische Nutzungsstrukturen, die in einigen Fällen bis heute erhalten sind.

Während der Maurenherrschaft übertraf »al-Andalus«, wie das islamische Spanien genannt wurde, durch seine herausragende kulturelle und zivilisatorische Stellung alle anderen Länder Europas. Die Gelehrten bewahrten das Wissen der antiken Schriften über Landwirtschaft, Gartenkunst und Medizin. Sie übersetzten griechische Texte und erweiterten ihre Kenntnisse durch Experimente und Feldforschungen, deren Ergebnisse sie in ausführlichen Abhandlungen festhielten. Zu den Gelehrten, die sich mit der Ästhetik von Gartenanlagen beschäftigten, zählte Ibn Layun, der die Beschreibung eines idealen Hauses mit Garten verfaßte. Die Mauren schöpften aber nicht nur aus dem Wissen der Griechen, sondern auch aus den Quellen anderer Kulturen. Von unschätzbarer Bedeutung waren die Kenntnisse der Nabatäer hinsichtlich der Landschaftskultivierung und der Bewässerung von Obstbaumpflanzungen, die von den Arabern übernommen wurden, als diese Persien eroberten.

Der Einfluß der islamischen Errungenschaften auf dem Gebiet der Landwirtschaft und der Gartenkunst ist heute noch in ganz Spanien deutlich zu erkennen. So gehen zum Beispiel die terrassierten Anbauflächen, die durch Mauern oder Hecken unterteilt und durch Kanäle bewässert werden, eindeutig auf islamische Traditionen zurück. Hier stehen Obstbäume, Gemüse- und Zierpflanzen sowie immergrüne Gewächse einträchtig nebeneinander. Außerdem sind die schönsten historischen Gärten Spaniens, die Alhambra und der Generalife in Granada, islamischer Herkunft. Der älteste mauerumfriedete Gartenhof Europas, der Patio de los Naranjos vor der Großen Moschee in Córdoba, stammt aus dem 9. Jahrhundert. Er ist auch heute noch ein heiliger Ort, an dem Menschen ganz unterschiedlichen Glaubens nach Entspannung und geistiger Erneuerung suchen.

Die Tatsache, daß die Große Moschee heute in ihrem Inneren eine christliche Kathedrale beherbergt, ist eine Folge der Reconquista, die 1492 durch die Katholischen

Nirgendwo in Spanien ist die Mischung des kulturellen Erbes stärker spürbar als im Alcazar von Sevilla. Ein christlicher Palast, der vor allem von mohammedanischen Handwerkern erbaut und von hispanischen Architekten entworfen wurde. Der hier abgebildete Pavillon von Karl V., der ganz und gar mit farbigen Fliesen geschmückt ist, wurde im Jahre 1543 in den Gartenanlagen errichtet. Höchstwahrscheinlich stand früher an der gleichen Stelle ein arabischer Pavillon, »qubba« genannt. Darauf weist auch der Name dieses Gartenbereichs hin: Alcoba. Dies bedeutet soviel wie Alkoven oder Nebengemach. Orangen-, Limonen- und Zitronenhaine umgeben den Pavillon. Sie werden mit dem Wasser aus der nahegelegenen »alberca«, dem Wasserbecken aus arabischer Zeit bewässert.

Majestäten König Ferdinand II. von Aragonien (1452-1516) und Königin Isabella I. von Kastilien (1451-1504) vollendet wurde. Von den Gärten, die vor diesem Datum in Spanien angelegt wurden, sind nur wenige Zeugnisse überliefert. Die gotische Burg der Könige von Navarra in Olite war berühmt wegen ihrer herrlichen hängenden Gärten. Doch nichts davon ist erhalten geblieben. Im christlichen Teil Spaniens waren es im Mittelalter die Klöster, in denen die Kenntnisse der Gartenkunst sorgsam gehütet wurden; einen neuen Höhepunkt aber erfuhr sie in der Renaissance mit dem wachsenden Interesse an der Antike und an den Naturwissenschaften. In Spanien zeigte sich dies in der Integration islamischer Gelehrsamkeit in die christliche Gedankenwelt. Die Veröffentlichung des epochalen »Libro de agricultura general« – des »Buches über die allgemeinen Grundlagen der Landwirtschaft« – von Gabriel Alonso de Herrera im Jahre 1513 wäre ohne die medizinische Enzyklopädie des Abu'l-Qasim al-Zahrawi aus dem 10. Jahrhundert nicht denkbar gewesen.

Aufgrund der Verschmelzung dieser multikulturellen Einflüsse war es Spanien im 16. Jahrhundert möglich, solch beeindruckende Gartenanlagen wie den Patio de los Evangelistas im Escorial zu schaffen. Mit Erstaunen erfährt man, daß in diesem Garten ursprünglich eine außergewöhnliche Vielfalt an Blumen wuchs; 1592 wurden 68 verschiedene Arten gezählt, die allesamt in der hispanisch-islamischen Tradition standen. Philipp II., der Schöpfer dieses Gartens, interessierte sich sehr für Botanik, Gartengestaltung und die Blumenzucht. Er schickte den Botaniker Francisco Hernández nach Amerika, um dort neue Pflanzenarten zu sammeln; Jerónimo de Algora sandte er in die verschiedenen Länder Europas, um die dortigen Gartenanlagen zu studieren. Unter der Schirmherrschaft Philipps II. veröffentlichte sein Arzt Andrés Laguna (ca. 1499-1560) die Übersetzung der Schrift »De materia medica« des Dioscorides aus dem Jahre 77 n. Chr. Damit lag zum ersten Mal ein Kräuterbuch in spanischer Volkssprache vor. Der König ermutigte auch Gregorio de los Ríos, eine Abhandlung über die Ästhetik und die Gartenkunst zu verfassen. Das Werk erschien 1592 unter dem Titel »Agricultura de jardines«, was etwa mit »Gartenbau« zu übersetzen ist.

Der Einfluß der Renaissance auf die spanische Gartenkunst war insbesondere deshalb so stark, weil die Könige des Hauses Habsburg Besitztümer in Italien – Mailand, Neapel und Sizilien – hatten; zu den bereits von den Römern eingeführten in Form geschnittenen Hecken und den Wasserspielen sowie den bunten, duftenden Blumenbeeten aus der islamischen Tradition kam mit der Aufstellung von Statuen nach italienischer Mode ein neues Gestaltungselement hinzu. Weitere Neuerungen boten die botanischen Entdeckungen aus der Neuen Welt. Spanien war das erste Land in Europa, in dem viele der neuen Pflanzenarten wie Kartoffeln, Mais, Chinarindenbaum, Magnolien und Dahlien erstmalig angepflanzt wurden.

Für die Gärten in Spanien erwies sich das 18. Jahrhundert als äußerst fruchtbar. Bereits im Jahre 1784 wurde das Gesamtwerk des großen schwedischen Botanikers Karl von Linné (1707-1778) von dem katalanischen Botaniker und Pflanzenkundler Antonio Palau y Verdera ins Spanische übersetzt. Spanische Botaniker wie José Celestino Mutis (1732-1808) und Antonio José Cavanilles (1745-1804) gelangten zu Weltruhm. Die Bourbonenkönige gaben der Gartenkunst einen neuen, frischen Impuls. Sie unterstützten botanische Expeditionen in die amerikanischen und asiatischen Kolonien und gründeten botanische Gärten zur Akklimatisierung und Züchtung neuer Arten. So gründete König Karl III. (1759-1788) in Madrid den Real Jardín Botánico, den Königlichen Botanischen Garten. Aus der gleichen Zeit datieren der Jardín de Aclimatación von La Orotava auf Teneriffa, der Botanische Garten von Valencia und der Garten de El Príncipe in Aranjuez. Dem Beispiel des Königshauses folgend, gab der Adel überall in Spanien Gärten in Auftrag. Zu ihnen gehören die Anlagen von El Capricho, La Moncloa, El Laberinto de Horta, El Retiro de Churriana, Raixa, Liria, El Jardín de Gourié, Bertiz.

In den höfischen Gärten, die wissenschaftlichen Zwecken dienten, und auch in den Privatgärten des späten 18. Jahrhunderts, scheint es ein Gleichgewicht zwischen den beiden herrschenden europäischen Kunstrichtungen, dem Klassizismus und der Romantik, gegeben zu haben. Schließlich trug die Romantik in ganz Europa den Sieg davon, und es ist außerordentlich interessant zu beobachten, wie in manchen Gärten, etwa in dem der Real Fábrica de Paños oder in den Jardines de Narváez, die spa-

Weniger als zwanzig Kilometer nordöstlich von Madrid liegt das etwa 150 Hektar große Landgut El Capricho, das früher den Herzögen von Osuna gehörte. María Josefa Alonso-Pimentel y Téllez-Girón, Herzogin und Gräfin von Benavente durch Geburt und Herzogin von Osuna durch Heirat, war eine außergewöhnliche Frau. Sie wollte einen Garten haben, der ihren philosophischen, künstlerischen und botanischen Vorstellungen entsprach. Deshalb ließ sie etwa 15 Hektar vom übrigen Anwesen abteilen und von einer Mauer umgeben. In den Jahren zwischen 1784 und 1795 arbeiteten hier zahlreiche spanische und französische Gärtner. In diesem Bereich wuchsen exotische Pflanzen, die aus Paris und London sowie aus den königlichen Privatgärten in Madrid und Aranjuez kamen. In dem Garten standen sorgfältig ausgeführte kleine Bauwerke, die entweder im Stil der klassischen Antike oder mehr rustikal gestaltet waren. Der Sohn der Herzogin fügte später als Miniaturkopie eine Festung mit Graben, Zugbrücke, Kanone und Soldaten hinzu. Die Anlage El Capricho wurde im Jahre 1977 von der Stadtverwaltung Madrid erworben und wird nun langsam restauriert.

Der »ensanche«, die Stadterweiterung Barcelonas im 19. Jahrhundert, hat das Gesicht der alten Stadt völlig verwandelt. Der Plan Cerdà aus dem Jahre 1859 sah ein neues Straßennetz vor, an dem bald ganze Viertel mit Mehrfamilienhäusern für die neue aufstrebende Mittelklasse Kataloniens entstanden. Diese Gebäude sind frühe Beispiele für eine zeitgenössische moderne Architektur. Viele Wohnungen hatten schmiedeeiserne Balkone, die bepflanzt werden konnten.

nische Romantik, der Isabellinische Stil – genannt nach Königin Isabella II. (1830-1904) –, als spezifische Modeströmung zum Ausdruck kam.

Am Ende des 19. Jahrhunderts hatte sich der Pflanzenbestand der spanischen Gärten durch die Einführung ausländischer Gewächse nachhaltig verändert. Die typisch mediterranen Bäume wie Zypresse, Stein-Eiche und Ölbaum mußten fremdländischen Arten weichen. Gegen Ende des 18. Jahrhunderts gelangte die erste Kamelie nach Galicien. Heute gehört dieser aus Asien stammende Strauch zum festen Bestandteil spanischer Gärten und wächst dort ebenso selbstverständlich wie Magnolien aus Nordamerika und Nadelhölzer aus Australien. Die Pelargonie, die aus Südafrika stammt, ist praktisch zur wichtigsten Blume des südlichen Spanien geworden.

Zu Beginn des 20. Jahrhunderts wurde in Barcelona ein einzigartiger Garten geschaffen, der eine genauere Betrachtung wert ist: der Parque Güell (1900-1914), ein Denkmal für die Fülle an Phantasie und Leidenschaft seines Gestalters, des Architekten Antonio Gaudí (1852-1926). Ansonsten hat dieses Jahrhundert den spanischen Gärten nur wenig Beachtung geschenkt. Es gab natürlich einige Rufer in der Wüste:

den Landschaftsarchitekten Nicolás María Rubió y Tudurí, den Theoretiker Winthuysen und den Architekten Durán-Loriga. In späteren Jahren war es die große Gartenhistorikerin, die Marquise von Casa Valdés, deren eigener Garten in Piedras Menaras im vorliegenden Buch dokumentiert wird. Trotz allen besseren Wissens um sein vielschichtiges Erbe aus römischen, islamischen und mittelalterlich-christlichen Traditionen wurde der spanische Garten von den vierziger Jahren an bis zum Ende der sechziger Jahre immer wieder einfach nur wahllos mit Rasenflächen ausgestattet. Viele echte spanische Gärten verloren ihre schattigen Lauben, ihre feinen wohlduftenden Beete mit Veilchen, Rosen und Lilien. Die Birn-, Apfel-, Granatapfel-, Mandel- und Orangenbäume wurden entfernt, und auch die scheinbar ewig lebenden Walnußbäume, Kastanien, Eichen, Pinien und Ulmen verschwanden ebenso wie die hoch aufragenden Zypressen und Palmen. Die höfischen Gärten der Renaissance und des Barock markierten ein Goldenes Zeitalter. Die eleganten Gärten der Aufklärung gaben den herrschenden Werten ihrer Zeit Ausdruck, die poesievollen Anlagen der Romantik schlossen sich an. Die Gärten des 20. Jahrhunderts dahingegen waren meist recht stille Gestaltungen.

Glücklicherweise läßt sich in den vergangenen fünfundzwanzig Jahren erneut ein reges Interesse am Thema Garten, besonders im Hinblick auf seine künstlerischen Qualitäten verzeichnen. Die ästhetischen Vorstellungen beruhen auf einer Fülle von Ideen und Materialien, in denen die zweitausendjährigen Gartentraditionen Spaniens deutlich zu erkennen sind: Die Gesamtkomposition ist deutlich horizontal ausgerichtet, Baumreihen werden einem Rhythmus folgend angepflanzt, es gibt klare Volumen beschnittener Hecken, man spielt mit den zarten Tönen plätschernden oder murmelnden Wassers und den Lichtreflexen der Wasserflächen. Duft erfüllt den Garten, und er ist, je nach Jahreszeit, voller Farbenreize. Schließlich prägt ihn ein hochentwickelter Sinn für räumliche Abgeschiedenheit.

Ein Garten in der Nähe von Fornalutx auf Mallorca. Die für Mallorca typische Natursteinmauer, bei der die größeren Steine an die Basis gelegt werden, um der Konstruktion zu einer größeren Stabilität zu verhelfen, scheint, offensichtlich mit wenig Erfolg, die Blütenflut der Hängegeranien zurückzuhalten. Hinter der Mauer wirkt ein kleiner Orangenhain als Abtrennung zwischen dem Wohnhaus und der Autostraße. An der Ecke des Grundstücks wächst eine Zypresse, seit römischer Zeit ein Symbol der Gastfreundschaft. Am Fuß der Mauer wachsen zwanglos Agaven. In diesem typisch mediterranen Garten wachsen Pflanzen aus China, Persien, Mexiko und Südafrika.

Madrid

PATIO DE LOS EVANGELISTAS, MONASTERIO DE SAN LORENZO EL REAL DE EL ESCORIAL

Patrimonio Nacional – Real Casa

Philipp II. veranlaßte den Bau der Klosterresidenz von San Lorenzo el Real de El Escorial, die zugleich die letzte Ruhestätte seiner Eltern, Karl V., Kaiser des Heiligen Römischen Reiches (Carlos I. von Spanien, 1517-1556), und Doña Isabel von Portugal, sein sollte. Der Bau der Anlage geht auf einen Eid zurück, den er im Jahre 1557 auf dem Schlachtfeld von St. Quentin geleistet hatte. Philipp II. beauftragte zunächst den Architekten Juan Bautista de Toledo mit den Arbeiten, auf den Juan de Herrera folgte. Auch er selbst beschäftigte sich des öfteren mit der Planung des Klosterkomplexes, der das größte Bauvorhaben seiner Herrschaftszeit darstellte. Die Anlage ist dem heiligen Laurentius gewidmet, dessen Martyrium – so heißt es – durch den rasterförmigen Grundriß symbolisiert wird. Der Escorial liegt etwa fünfzig Kilometer nordwestlich von Madrid am Fuß der Sierra de Guadarrama und ist auf Granitgestein gegründet. Die Luft war hier schon immer sehr gut, und es gab Wasser im Überfluß.

Beim Bau wurde darauf geachtet, daß die einzelnen Gebäude günstig zur Sonne ausgerichtet und zugleich vor den kalten Winden aus dem Gebirge geschützt waren. Auf diese Weise sollte ein gesundes Klima für die Mönche gewährleistet werden. Auch an den Schutz der Pflanzen in den Gärten auf der Süd- und der Ostterrasse und in den Privatbereichen der Patiogärten, die der religiösen Gemeinschaft vorbehalten waren, wurde gedacht. Der größte der 14 Höfe des Escorial, der »Patio de los Evangelistas« an der Südseite der Kapelle, besaß einen Garten, der für die Kontemplation und die Erholung der Mönche angelegt war. Dieser Patio ist von Symbolik durchdrungen. Sie ist Ausdruck der Religiosität des Königs, der während der Gegenreformation ein glühender Verfechter des katholischen Glaubens war.

Der Patio wurde im Stil der Renaissance auf quadratischem Grundriß angelegt; die umlaufenden Arkadengänge mit jeweils zwölf dorischen Pilastern spielen auf die zwölf Apostel Christi an. Zahlensymbolik ist diesem Raum mit Sicherheit angemessen. Er wird durch ein Wegekreuz unterteilt und zusätzlich von vier Wegen durchkreuzt, die ein Raster von sechzehn Quadraten und zahlreichen Kreuzfiguren bilden. Die vier Quadrate im Zentrum sind als Teiche gestaltet und bilden ein Wasserparterre. Die zwölf darum angeordneten Quadrate sind als Parterres mit Buchshecken bepflanzt.

In der Mitte steht ein achteckiger Pavillon, der mit einer Kuppel überdacht ist. In den Nischen der geschlossenen Seiten sind Statuen der vier Evangelisten aufgestellt. Mit dem Patio de los Evangelistas ist es den Architekten gelungen, den Renaissancegarten mit seiner heidnischen und mythologischen Symbolik in einen christlichen »hortus conclusus« zu verwandeln, in dem gemäß den Prinzipien der Gegenreformation, die auf dem Konzil in Trient beschlossen worden waren, den Worten Christi, wie sie in den Evangelien überliefert sind, der Vorrang eingeräumt wurde.

Zu den Gärtnern von Philipp II. gehörten Friar Marcos de Cardona, Juan Anglés, Jerónimo de Algora und die Brüder Holveque, die in den verschiedenen Gärten des Klosters arbeiteten. Es ist kaum bekannt, daß früher die mit Zypressenkrauthecken (Santolina chamaecyparissus) und Myrte (Myrtus communis) aus Talavera de la Reina eingefaßten Beete mit einer Vielzahl von blühenden Pflanzen bestückt waren. Die Pflanzenliste des Juan Alonso de Almela aus dem Jahre 1592 umfaßte etwa 68 Arten, die man in drei Kategorien unterteilen kann: Heilpflanzen, Pflanzen für Dekorationszwecke und für die Parfümherstelllung sowie Pflanzen aus der Neuen Welt, die der Botaniker Francisco Hernández aus Amerika geschickt hatte.

Im Laufe der Zeit ist das spanisch-arabische Erbe dieses Gartens mit seinen vielen farbigen und duftenden Blumen verschwunden. Die Feuersbrunst im Jahre 1671 hatte diesen Garten stark geschädigt. Nach und nach wurden statt der Blütenpflanzen Buchssträucher (Buxus sempervirens) gepflanzt, die in der Serrania de Cuenca heimisch sind. Heute ist das gesamte Parterre um die Teiche mit Buchsbaum bestanden, und man erlebt diese Bepflanzung im harmonischen Zusammenspiel mit den strengen Fassaden des Bauwerks. Obgleich der Garten im Laufe der Zeit ein anderes Gepräge bekommen hat, findet dieser Verlust an Authentizität doch seinen Ausgleich. Die Sonnenwärme entlockt dem Buchsbaum den ihm eigenen intensiven Duft, und so wird der Patio de los Evangelistas zu einem großen Duftgarten.

Patio de los Evangelistas im Kloster San Lorenzo el Real de El Escorial.

Los Molinillos. Das Stiefmütterchenbeet neben der Terrasse.

Los Molinillos. Der »patio de honor«, der Ehrenhof, vom Haus aus gesehen.

LOS MOLINILLOS

Ort: Brunete
Eigentümer: Jaime de Urquíjo und Carmen Fernández de Araoz

Das 485 Hektar große Landgut Los Molinillos liegt etwa fünfunddreißig Kilometer nordwestlich von Madrid auf der kastilischen Meseta, dem zentralen Hochplateau, das fast drei Viertel von Spanien einnimmt. Los Molinillos gehörte ursprünglich zum nahe gelegenen Kloster San Lorenzo de El Escorial und trug mit seinen Einkünften zum Unterhalt der dort lebenden Mönche des Hieronymitenordens bei. Durch das Gut fließt ein Nebenfluß des Río Perales, dessen Ufer heute von Eschen gesäumt sind. Im 16. Jahrhundert hatte man hier wasserbetriebene Walkmühlen errichtet, in denen die Wolle geschlagen wurde, die damals das wichtigste Erzeugnis war. Diesen Mühlen verdankt das Landgut seinen Namen, denn »Los Molinillos« bedeutet »Kleine Mühlen«.

Der Besitz wurde 1939 vom Marquis von Amurrio, dem Vater des jetzigen Eigentümers, Jaime de Urquíjo, als Jagdhütte erworben. Während des Bürgerkrieges fanden hier schwere Kämpfe statt, während derer die nahe gelegene Stadt Brunete vollständig zerstört wurde. Das Herrenhaus von Los Molinillos, das beiden Armeen

Los Molinillos. Zugang zum Innenhof vom Garten aus.

als Hauptquartier diente, wurde sehr stark beschädigt. Zu Beginn der vierziger Jahre wurde es von dem kalifornischen Architekten Arthur E. Middlehurst wieder aufgebaut, der sich auf die Restaurierung alter spanischer Missionsgebäude spezialisiert hatte. Das Gebäude ist im Stil eines traditionellen Wohnhauses gehalten, mit hölzernen Klappläden vor den Fenstern und schmiedeeisernen Brüstungsgittern. Die Anlage ist um einen Patio mit einem zentralen Springbrunnen angelegt. Ein kleiner Arkadengang trennt den Hof von den übrigen Bereichen. Die Veranda vor dem Haus ist der Rückzugsbereich der Bewohner, die hier auch gerne ihre Freunde empfangen, die zur Jagd kommen.

Die kleine Anhöhe, auf der das Anwesen erbaut ist, eröffnet weite Ausblicke in die umgebende Landschaft Kastiliens mit ihren sanft schwingenden, mit Stein-Eichen gesprenkelten Hügeln. Der an zwei Seiten des Hauses angelegte, fast zwei Hektar große Garten ist ein Werk von Cecilio Rodríguez, dem damaligen Gartenamtsleiter von Madrid. Dieser Garten gehört mit zu seinen besten Werken.

Betritt man den vor der Hauptfassade des Wohnhauses gelegenen Gartenraum, den »Patio de honor«, wird der Besucher von einer perfekt geschnittenen Zypressenhecke beeindruckt. Sie ist das beherrschende Kompositionselement, das die runde Vorfahrt und die Nebenwege rahmt. Dazu kommen sehr schöne Exemplare der Zypresse, der Atlas-Zeder und der Immergrünen Magnolie. Der Garten erhält seinen unverwechselbaren Charakter durch seinen reichen Bestand an Fliederbüschen, die um die Jahrhundertwende in den Gärten der Madrider Aristokratie außerordentlich beliebt waren.

Vor der gesamten Hauptfassade verläuft eine Terrasse mit einem Bodenbelag aus Kieselmosaiken und Bändern aus Ziegelpflaster. Diese Zone wird von einem breiten Beet abgeschlossen, das dicht mit Wilden Stiefmütterchen (Viola tricolor) bepflanzt

Los Molinillos. Der Innenhof vom Haus aus gesehen.

ist. Sie gehören seit mehr als tausend Jahren zu den traditionellen Blütenpflanzen der spanischen Gärten. Dazwischen sind hochaufragende Zypressen gepflanzt. Dieser Teil des Gartens, der den Haupteingang rahmt, findet die besondere Aufmerksamkeit des amerikanischen Gartengestalters Bill Tucker, der ein enger Berater von Carmen Fernández de Araoz ist. In der mit einem Kreuzgewölbe gedeckten Loggia vor dem Haus stehen verschiedene Kübelpflanzen. Der Innenhof mit dem Springbrunnen in der Mitte und dem Ausblick in die hügelige Landschaft Kastiliens erinnert an einen »cortijo«, ein andalusisches Landgut. Die Hausherrin hat hier in den vier Ecken Terrakottatöpfe mit leuchtend roten Azaleen aufgestellt.

Nach Osten hin öffnet sich der Garten zur freien Landschaft. Das Gelände senkt sich in Terrassen sanft zu einem Weg, der mit einer mächtigen Hecke von Monterey Zypressen eingefaßt ist, aus der in regelmäßigen Abständen gepflanzte höher wachsende Lagerstroemia indica herausragen. Von hier aus blickt man über einen Bereich, in dem sich früher einmal eine große »rosaleda«, ein Rosengarten, befand. Rosengärten galt das besondere Interesse von Cecilio Rodríguez. Er hatte damals bereits einen ähnlichen Rosengarten im Retiro-Park in Madrid nach dem Vorbild des von Jean C.N. Forestier geplanten Rosengarten »Bagatelle« in Paris geschaffen. Vor vielen Jahren haben die jetzigen Eigentümer statt des Rosengartens eine große Rasenfläche angelegt, die zu einem Gartenraum mit einem zentralen Teich hinunterführt, der von gepflegten Sandwegen gerahmt und von Hecken umschlossen wird. Auf dem Gelände gibt es auch Gewächshäuser, in denen Zimmerpflanzen für das Wohnhaus gezogen werden, einen Schnittblumengarten für Blumensträuße und einen Bereich mit Saatbeeten. Dort werden Hunderte von Stiefmütterchen vorgezogen, die später in dem großen Beet vor dem Wohnhaus ausgepflanzt werden.

Los Molinillos. Blick von der Terrasse nach Osten in Richtung des Wasserbeckens.

Los Molinillos. Der Gartenbereich mit dem Wasserbecken.

LA MIRADA

Provinz Madrid
Eigentümer: Alfonso Fierro Viña und Trinidad Jiménez-Lopera de Fierro

LA YEDRA

Provinz Madrid
Eigentümer: Juan Carlos Fierro und Sofía Domecq

Vor etwa dreißig Jahren wurde das erste private Wohnhaus an der Grenze des Monte de El Pardo gebaut, dem ehemaligen »cazadero«, dem Jagdrevier der spanischen Könige, das etwa fünfzehn Kilometer nordwestlich von Madrid über dem Flußlauf des Río Manzanares gelegen ist, der in trägen Windungen zur Hauptstadt fließt. Das Haus wurde wegen seiner besonderen Lage »La Mirada«, Ausblick, genannt. Heute überschaut die großzügig angelegte grüne Vorstadt von Puerta de Hierro das weite Panorama, das den Maler Velázquez so bewegte. Es ist eine weitläufige Landschaft, die von dem Höhenzug der Sierra de Guadarrama begrenzt wird, deren schneebedeckte Gipfel im Sonnenlicht glitzern.

Das von dem Madrider Architekten Luis Gutiérrez Soto entworfene Wohnhaus ist der Hanglage angepaßt, so daß es an der Eingangsfassade eingeschossig und nach hinten hinaus zweigeschossig ist. Es ist auf eine große Rasenfläche ausgerichtet, die von hohen Bäumen schützend gerahmt wird. Die Eigentümerin hat eine große Vorliebe für weißblühende Pflanzen, wie zum Beispiel für den im Mai blühenden Wasser-Schneeball (Viburnum opulus.) Die Terrasse, deren Markise vor der Nachmittagssonne schützt, ist ein Wohnzimmer im Freien. Sie ist mit blauen und weißen gußeisernen Blumenkübeln geschmückt, die mit Efeu und beschnittenen Lorbeerbüschen bepflanzt sind.

Die Gartengestaltung wurde seinerzeit – es gab damals nur sehr wenige Landschaftsarchitekten in Spanien – Mirambel, einem bedeutenden Gartengestalter aus Katalonien, übertragen. Heute wird der Garten von der Eigentümerin gepflegt, die zusammen mit dem Gartenarchitekten Gerald Huggan erst vor kurzem einige Veränderungen an der von Mirambel konzipierten Anlage vornahm. Nur ein einziger Gärtner ist mit der Betreuung dieses etwa zwei Hektar großen Gartens betraut. Das unebene Gelände wird in hervorragender Weise genutzt: Seine Hügel und Senken vermitteln einen Raumeindruck, der diesem Garten seine besondere ästhetische Note gibt. Die sandigen Pfade laden zum Herumschlendern ein und führen – ein wenig geheimnisvoll – zu Zielen, die zunächst nicht sichtbar sind. Die Bepflanzung, insbesondere die hochgewachsenen Koniferen, hat nun, nach dreißig Jahren, einen hohen Grad an Ausgereiftheit erreicht. Dazu gehören außerdem Magnolien, große Pinien und Zedern, die als Teil des ursprünglichen Entwurfs aus Katalonien eingeführt worden waren. Die Zedern sind zumeist Atlas-Zedern. Eines dieser 15 Meter hohen Prachtexemplare gehört zu der blaufarbigen Sorte Cedrus atlantica »Glauca«.

Nördlich des Hauses ist in eine Rasenfläche ein Swimmingpool eingelassen, der von einer Trauerweide beschattet wird. Dieser Gartenbereich wird von vier Säulen abgeschlossen, die eine Exedra bilden, so daß eine starke Harmonie mit dem römischen Ambiente des Gartens geschaffen wird. Von hier führt eine großzügige

La Mirada. Iris.

La Mirada. Die Gartenfassade mit der vorgelagerten Terrasse.

Treppe zwischen Kirschlorbeerhecken (Prunus laurocerasus) in einen tiefer gelegenen Teil des Gartens. Diese herrlichen Pflanzen stammen aus einem Palast am Paseo de la Castellana in Madrid, bis vor kurzem die vornehmste Avenue der Hauptstadt. Aus diesem Palast stammen auch die beiden antiken schmiedeeisernen Laternen, die den Eingang des Anwesens markieren. An der Rückwand eines Pavillons in der Nähe des Pools ist ein römisches Mosaik eingelassen, das aus Córdoba stammt.

Ein wenig erstaunt stellt man fest, daß sich am Fuße der Treppe ein weiterer Garten anschließt, der das Haus von Juan Carlos Fierro und seiner Familie umgibt. »La Yedra« – die spanische Bezeichnung für Efeu leitet sich aus dem lateinischen »hedera« ab – hat einen wunderschönen Rosengarten. Hier wachsen zahlreiche berühmte alte Rosen, die vor einiger Zeit noch sehr schwierig zu erhalten waren, die inzwischen aber wieder in Mode gekommen sind. Sofía Domecq de Urquíjo stammt mütterlicherseits aus einer Familie, die seit Generationen eng mit Rosen verbunden ist. Die Tante der Hausherrin, Blanca de Urquíjo y Landecho, gilt als eine der größten Rosenkennerinnen in Spanien. Sie schenkte eine ihrer Rosensammlungen dem Real Jardín Botanico in Madrid.

SEITE 31
oben: La Mirada. Die Exedra.
unten: La Yedra. Der große Rasen.

CALLE TURÉGANO

Provinz Madrid
Eigentümer: Jesús Huarte und Marta Moriarty

Das hier vorgestellte Anwesen ist vor dreißig Jahren von den Architekten José Antonio Corrales und Ramón Vázquez Molezún gebaut worden. Das Haus entstand im Auftrag von Jesús Huarte, einem bekannten Bauunternehmer, der hier für sich, seine damalige Frau Marian Jiménez Altolaguirre und seine vier Kinder einen privaten Wohnsitz bauen ließ.

Von weitem gesehen wirkt das Haus, dessen äußeres Erscheinungsbild vorwiegend von Ziegelmaterial und Keramikfliesen in einem warmen, dunklen Farbton geprägt wird, fast wie ein Lebewesen. Es entspricht in keiner Weise den konventionellen Vorstellungen von Wohnhausarchitekturen, wie man sie ansonsten in dem wohlhabenden, gut durchgrünten Wohnvorort Puerta de Hierro vorfindet. Die Architekten strebten nach einem bruchlosen Gleichgewicht zwischen innen und außen. Die Architekten nutzten die besondere Lage des Eckgrundstücks, und der dezent gestaltete Zugang zum Haus gibt keinen Hinweis auf die sich anschließenden ineinanderfließenden Raumfolgen. Man wird durch deckenhohe Glasschiebetüren in eine Folge von separaten, aber dennoch geschickt miteinander verknüpften Gartenräumen geführt. Schützende hohe Mauern auf zwei Seiten und dichtes grünes Blattwerk dienen zur räumlichen Trennung.

Der Hauptgarten ist durch sorgfältig terrassierte Rasenflächen gegliedert. Die angrenzende Ziegelmauer des Hauses ist dicht mit wildem Wein bewachsen. An den äußeren Ecken fallen steile Böschungen ab. Hier stehen einige Pappeln, deren Blätter im Wind angenehm rascheln. Sie umschließen einen Gartenraum, der mit Stiefmütterchen, Narzissen, Hyazinthen, Magnolien, Erdbeerbäumen, Stechpalmen, Pflaumenbäumen, Hortensien, Kamelien, Azaleen, Bergenien, Erdbeeren und Rosen bepflanzt ist. Marta Moriarty, die zweite Frau des Bauherrn und Leiterin einer der

Calle Turégano. Der Hauptgarten mit Skulpturen von Carlos Ferreira.

führenden Kunstgalerien in Madrid, hat in diesem Gartenraum seit einiger Zeit einen Bereich für moderne Skulpturen angelegt. Eine monumentale Bronzeplastik, Werk des gefeierten baskischen Bildhauers Jorge Oteiza, hat hier einen ihr angemessenen Platz gefunden. Auf der angehobenen Rasenebene sind einige schön geformte Stelen aus glänzendem weißen Marmor von Carlos Ferreira plaziert. Mit ihrer abstrakten Vertikalität schaffen sie einen Gegensatz zu dem horizontal getreppten Grünraum. Als Reminiszenz an maurische Gärten sind drei runde Wasserbecken aus weißem Marmor in die makellose Rasenfläche eingelassen. An der oberen Ecke dieses Gartenbereichs befindet sich eine Terrasse, die mit Geißblatt bepflanzt ist. Sie verbindet den formal gestalteten »Empfangsbereich« mit einem intimer gestalteten Gartenraum, der auch über eines der Schlafzimmer zugänglich ist. Hier, auf einer winzigen, mit Ziegelpflaster belegten und an das Haus angrenzenden Terrasse, hat man eine schöne Aussicht auf diesen kleinen Garten, in dem eine große Trauerweide und ein Trompetenbaum ihren Schatten auf eine abstrakte Metallfigur von Ferreira werfen. Kleine runde Springbrunnen aus Porriño-Granit sind in den Rasen eingelassen. Buchsbaum, Pfingstrosen, Lorbeer, Klematis und Mimosen vervollständigen das Ensemble.

Diese beiden zum Garten orientierten Gebäudeflügel umschließen den »Sonnenhof«, einen gepflasterten Patio, den man durch eine gläserne Schiebetüre betritt und der zum Teil von einer Glyzinien-Pergola beschattet wird. Auf einer Seite liegt der Swimmingpool, dessen kobaltblaue Fliesen in wirkungsvollem Kontrast zu den Grüntönen der berankten Mauern stehen. Die niedrige, etwa einen halben Meter breite Mauer, die den Patio von der Wasserfläche des Pools trennt, wird als Ausstellungsfläche für moderne Bronzeskulpturen genutzt.

Calle Turégano. Die Pergola über der Sonnenterrasse.

SEITE 34
Calle Turégano. Der Swimmingpool neben der Sonnenterrasse.

Calle Turégano. Gartenraum neben dem Schlafzimmer der Eigentümer.

JARDÍN DE EL PRÍNCIPE

Ort: Aranjuez
Eigentümer: Patrimonio Nacional – Real Casa

Das Schloß Aranjuez liegt etwa vierzig Kilometer südlich von Madrid und ist seit den Zeiten der Katholischen Könige ein bevorzugter Aufenthaltsort der spanischen Königsfamilie. In Aranjuez verbindet sich die vorhandene Schönheit der Natur mit den von Menschenhand geschaffenen herrlichen Alleen und bemerkenswerten historischen Gartenanlagen. Zu diesen Wundern gehört der »Jardín de El Príncipe«, der seinen Namen dem Prinzen von Asturien, dem späteren König Karl IV. (1788-1808), verdankt.

Die Geschichte dieses Ortes kann bis ins Mittelalter zurückverfolgt werden, als es hier »huertas« – Obst- und Gemüsegärten – gab, die mit Hilfe von Schöpfrädern, die am Ufer des Flusses standen, bewässert wurden. Bis gegen Ende des Mittelalters gab es in der kastilischen Sprache nur ein einziges Wort für Garten: »huerto« – die Bezeichnung für einen Obst- und Gemüsegarten. Daneben bestand noch der ähnlich lautende Begriff »huerta« als Bezeichnung für ein größeres Landgut. Beide Wörter sind vom lateinischen »hortus« abgeleitet. Da sowohl im christlich-mittelalterlichen als auch im maurischen Spanien Gärten vor allem mit der Absicht angelegt wurden, Nutzpflanzen anzubauen, wurde erst in der Renaissance der Begriff »huerto de placer« oder »Lustgarten« eingeführt. Zu einer späteren Zeit wurde aus dem Französischen das Wort »jardín« für Garten entlehnt, das schließlich mit den Begriffen »huerto« und »huerta« austauschbar war. Im englischen Sprachgebrauch werden diese Nutzgärten häufig als »orchard« bezeichnet, Obstbaumgärten, in denen auch Gemüse- und Zierpflanzen wachsen.

Die ältesten Aufzeichnungen über die Gartenanlagen von Aranjuez beziehen sich auf einen Bereich im Osten, der zwischen dem »Sotillo«, einem kleinen Hain am Flußufer, und der alten Straße liegt, die von Colmenar de Oreja kommt. Dieser Gartenteil ist als Huerta oder Jardín de la Primavera – Frühlingsgarten – bekannt. Zur Zeit König Ferdinands VI. befand sich hier der Ausgangspunkt für nachmittägliche Jagdausritte; am Ufer des Flusses wurden Abendkonzerte für Königin Bárbara de Braganza gegeben. Als Karl III. dieses Stück Land später seinem Sohn und Erben schenkte, wurde es zum Kern der Gartenanlage, die der Prinz hier anlegen ließ. Die Planung wurde dem Architekten Juan de Villanueva, einem hochbegabten Vertreter des Klassizismus, und dem Gärtner Pablo Boutelou, der französischer Herkunft war, aber in Aranjuez geboren wurde, übertragen.

Ohne die Grundstrukturen des Jardín de la Primavera anzutasten, planten sie einen Garten, der unter dem Schutz der beiden Göttinnen Minerva und Pomona stand. An diesem Ort ist die Maxime des von der Aufklärung beeinflußten Herrschers »Nützlichkeit ist Schönheit« in vollständigem Gleichgewicht mit der Forderung nach der Freiheit des Menschen in all seinen körperlichen und geistigen Dimensionen. Der Englische Landschaftsgarten beeinflußte die Gestaltung von Aranjuez ebenso wie der Chinesische Garten, so wie er damals in Europa aufgefaßt wurde. Botaniker aus Spanien und anderen Ländern, deren wissenschaftliche Expeditionen vom spanischen Königshaus gefördert wurden, sammelten exotische Pflanzenarten, die sie dem König schickten. Im Jardín de El Príncipe wurden sie zu einer außergewöhnlichen Sammlung zusammengestellt. Aus dieser Zeit gibt es noch heute einige Bäume wie Sumpfzypressen (Taxodium distichum), Tulpenbäume (Liriodendron tulipifera), verschiedene Ahornarten (Acer platanoides A. saccharum), Dattelpflaumenbäume, Schneeflockensträucher und zahlreiche andere exotische Arten.

Eine Phantasiewelt wurde geschaffen, ein wahres Paradies – ein geeigneter Aufenthaltsort für Apollo, Narziß, Ceres und Herkules. Wie durch Zauber standen Pagoden, Pavillons und Obeliske zwischen den seltenen Bäumen und Feldern von Nelken, der Modeblume des Jahrhunderts, und mannshohen Dahlien. Zum Erstaunen der Höflinge wuchsen in diesem Garten auch Trompetenblumen, Passionsblumen, Spargel und köstliche Erdbeeren, für die diese Gegend berühmt ist. Die Früchte von sechzig Birnensorten, dreißig verschiedene Apfelsorten, fünfzig Pfirsichsorten und unzählige Arten von Weintrauben gehörten zum Ertrag dieses Gartens, der für den Genuß des Königshauses bestimmt war.

Jardín de El Principe. Apollo.

Jardín de El Principe. Allee, die zum Apollobrunnen führt.

Kastilien

PIEDRAS MENARAS

Provinz Guadalajara
Eigentümer: Graf und Gräfin von Bornos

Piedras Menaras. Ein steinerner Löwe bewacht ein Blumenbeet.

SEITE 41
Piedras Menaras. Der Rosengarten.

Das Hochland von Kastilien zeichnet sich im Winter wie im Sommer durch extreme Temperaturen aus; der Wind fegt über die »meseta«, es fällt nur wenig Regen, und selbst der wenig aufmerksame Beobachter bemerkt, daß hier die Blumen einen Monat später blühen als in Madrid. Die Landschaft der Alcarria liegt östlich von Madrid, fast 900 Meter über dem Meeresspiegel. Dort gräbt sich der Río Tajo durch Kalksteinschluchten, und an den Berghängen wachsen Pflanzen, die als reiche Bienenweide dienen. In dieser Umgebung befindet sich das Landgut Monte Alcarria. Zu Beginn unseres Jahrhunderts kam es durch Erbschaft in die Hände des Marquis von Casa Valdés und umfaßte damals etwa 6000 Hektar unbewohntes Land. Es war in 14 Parzellen unterteilt, die zum großen Teil als Nutzwald dienten. Alle 14 Jahre wurde eine Parzelle gerodet und die dort wachsenden Eichen und Stein-Eichen zu Brennholz und Holzkohle verarbeitet, beides Materialien, die in diesem rauhen Klima sehr begehrt waren.

Nach dem Bürgerkrieg entschloß sich Juan Valdés, ein Teil des Landguts auch für Getreideanbau und Schafzucht zu nutzen. Die landwirtschaftlich nutzbaren Böden wurden umgepflügt, wobei man allerdings die größten der Stein-Eichen stehenließ. Das erschwerte das Unternehmen, aber der schöne mediterrane Charakter der Landschaft blieb auf diese Weise erhalten. Heute wiegen sich die grünschimmernd belaubten Kronen der Stein-Eichen zwischen dem blassen Goldton des Hafers und dem frischen Graugrün des Weizens.

Auf dem Gelände wurden eine Wohnsiedlung für die Arbeiter des Landguts und eine Schule für mehr als vierzig Kinder gebaut. Die Gebäude sind aus heimischem Stein gemauert, der in der Gegend als Piedras Menaras – Feuerstein – bekannt ist. Die große Bedeutung der Kirche wird durch eine Kapelle zum Ausdruck gebracht, die an zentraler Stelle zwischen den anderen Baulichkeiten steht.

Im Jahre 1945 begann Doña Teresa de Ozores y Saavedra, Marquise von Casa Valdés mit der Gestaltung des Gartens. Über viele Jahre hinweg beschäftigte sie sich mit

den Traditionen der spanischen Gartenkunst und veröffentlichte im Jahre 1973 ihre bis heute unübertroffene Monographie über die Geschichte der Gärten in Spanien. Mit der gleichen Energie, mit der sie sich in die wissenschaftliche Beschäftigung mit diesem Thema vertiefte, widmete sie sich auch dem Garten von Piedras Menaras und brachte ihn zur Blüte, obgleich die Rahmenbedingungen keineswegs ermutigend waren. Der Boden besteht zumeist aus Kalkstein, der nur von einer sehr dünnen Humusschicht bedeckt ist. So mußten große Mengen Mutterboden aufgebracht und Wasser von einer weit enfernten Quelle herbeigeleitet werden. Da die Wassermengen nicht ausreichten, wurden Brunnen in das poröse Kalkgestein gebohrt – allerdings mit nur wenig Erfolg.

Wenn man das Anwesen betritt, findet man den Garten der Marquise auf der linken Seite. Dieser Gartenraum wird von dem Landhaus, einem langen, niedrigen Gebäude aus rotem Backstein, abgeschlossen. Man nähert sich dem Haus über einen von Lavendelbüschen fast vollständig überwachsenen Plattenweg, der zwischen zwei dicht nebeneinanderstehenden Zypressen hindurchführt. Zwei Engelmann-Fichten, die die Marquise 1960 pflanzte, stehen am Anfang des langen, perfekt gepflegten Rasens, der von bunt bepflanzten Rabatten gerahmt wird. Alte Gartenrosen, wie die gelbblühende Banksrose »Lutea«, Japanischer Jasmin und der Schneeflockenstrauch wirken ausgesprochen dekorativ.

Die Beetbepflanzung mit verschiedenen Irisarten und blaßfarbigen Pfingstrosen und Rosen wie der Rosa moschata und der Rosa rugosa entspricht alten spanischen Traditionen. In dem Beet neben der Terrasse wächst außerdem noch Akelei mit ihren seltsam zarten Blüten. Der Boden ist mit Veilchen und Alyssum bedeckt, und man findet dort auch Malven, wie sie für viele Bauerngärten typisch sind. Nur mit Liebe und Geduld konnte hier eine Spanische Tanne (Abies pinsapo), die aus Ronda in Andalusien hierher gebracht wurde, neben einem China-Wacholder (Juniperus chinensis »Pfitzeriana«) gedeihen. Skulpturen aus dem alten Garten der Herzogin de Sevillano in Guadalajara schaffen zusätzliche Blickpunkte.

Die jetzige Marquise von Casa Valdés und Gräfin von Bornos erhält den Garten zu Ehren seiner Schöpferin in seinem alten Zustand. Mit Hilfe des amerikanischen Gartenkünstlers Bill Tucker erfüllte sie 1986 einen Wunsch ihrer Eltern und legte zusätzlich einen Rosengarten an, in dem die Lieblingsrosen ihrer Mutter wachsen. Dieser neue Garten befindet sich unterhalb der Terrasse auf der Westseite des Hauses. Die Rosen sind dicht mit Iris und Stiefmütterchen unterpflanzt, die sich auch in dem daneben gelegenen Waldgarten ausgebreitet haben.

SEITE 42
oben: Piedras Menaras. Eine Stein-Eiche in der Rasenfläche, Blick zurück zum Eingang des Gartens.
unten: Piedras Menaras. Der Rosengarten.

Piedras Menaras. Rosa Banksiae »Lutea«.

REAL FÁBRICA DE PAÑOS

Ort: Brihuega
Eigentümer: Familien Casado de Arredondo, Casado González, Hernández de Rodas und González Pérez

Die alte Festungsstadt Brihuega liegt in der Landschaft Alcarria am steilen Nordufer des Río Tajuña, der dem Tal seinen Namen gab. An diesem Ort fand im Dezember 1710 eine entscheidende Schlacht in den Spanischen Erbfolgekriegen statt. König Philipp V. (1700-1746), der erste König des Hauses Bourbon auf dem spanischen Thron, verteidigte damals erfolgreich seine Rechte. Als Erinnerung an den Sieg und um den treu ergebenen Gefolgsleuten des Königs Arbeitsplätze zu verschaffen, ließ Philipps Sohn, Ferdinand VI., auf einem oberhalb der Stadt gelegenen Hügel eine Tuchmanufaktur bauen, in der die Stoffe für die Uniformen der königlichen Armee gefertigt werden sollten. Die Real Fábrica de Paños wurde 1783, unter der Herrschaft von Ferdinands Nachfolger, König Karl III., fertiggestellt.

Bei dem Fabrikgebäude handelt es sich um eines der seltenen noch erhaltenen Beispiele spanischer Industriearchitektur aus dem 18. Jahrhundert. Der Entwurf stammt von den Architekten Manuel Villegas und Ventura Padierne, die beide an den Arbeiten des Palacio Real – des Königlichen Palastes – in Madrid beteiligt waren. In dem ringförmigen, zweigeschossigen Gebäude, das einen runden Innenhof umschließt, waren ursprünglich zwanzig Webstühle aufgestellt. Der große Rundbau steht im Zentrum des Ensembles von Lagerhäusern, Ställen, Wohnhäusern und einer Kapelle. Große Fensteröffnungen, sowohl nach außen zur Landschaft als auch zum Innenhof, ermöglichen es, das Tageslicht maximal zu nutzen und den Arbeitstag so lange wie möglich auszudehnen. Unmittelbar neben dem Hauptgebäude befand sich der fast 7000 Quadratmeter umfassende Trockenplatz, wo die Stoffe im Freien in Reihen auf Holzbügeln zum Trocknen aufgehängt wurden.

Im Zuge der Wirren, die durch die Napoleonischen Kriege verursacht wurden, stellte die Fabrik ihren Betrieb ein. 1835 begann die »Desarmortización«, die Säkularisierung, während der nicht nur Kirchengut, sondern auch Besitz der Krone verkauft wurde. Die Fabrik wurde im Jahre 1851 von der Familie Cabana, den Vorfahren der heutigen Eigentümer, bei einer Auktion ersteigert. Die Frau des neuen Besitzers legte an der Stelle des ehemaligen Trockenplatzes einen Garten an. Von hier hatte sie eine herrliche Aussicht auf die romanische Kirche Santa María de la Peña, die Festungsmauern von Brihuega und den Tajuña, der sich zwischen den am Ufer wachsenden Pappeln, Ulmen, Weiden und verschiedenen Gehölzen durchs Tal windet. Der Name des Gärtners, der bei der Gartengestaltung mitwirkte, ist nicht überliefert. Nach einer mündlich überlieferten Quelle soll es sich um einen Franzosen namens Veyrat aus Grenoble gehandelt haben, der mit seinem Sohn in der zweiten Hälfte des 19. Jahrhunderts durch Spanien reiste und an verschiedenen Orten seine Dienste als Gartengestalter anbot. Es heißt, Veyrat hätte eine Gärtnerei in Valencia gehabt, die ihn mit Pflanzen für seine Projekte und Unternehmungen versorgte.

Der etwa 3 500 Quadratmeter große Garten ist in einem strengen Wegeraster angelegt. Besonders bemerkenswert sind die zu hohen Bögen geschnittenen Zypressen, die an vielen Stellen die Wege überspannen. Hier handelt es sich um ein typisch spanisches Gestaltungselement, das aus der Architektur entlehnt wurde. Im Laufe der Zeit sind die Hecken sehr schön ausgewachsen. Der Garten läßt sehr gut die Gefühlswelt der Spanischen Romantik nachempfinden, wie sie für die Entstehungszeit des Gartens prägend war. Der Geist des späten 19. Jahrhunderts kommt sowohl durch einige exotische Pflanzen wie zum Beispiel die Fächerpalme zum Ausdruck als auch durch die grün lackierten hölzernen Volieren mit ihren orientalisch anmutenden Kuppeln aus Zinkblech. Auch die niedrigen runden Brunnenschalen, der schmiedeeiserne Aussichtspavillon und das an der Südseite vorgelagerte Gewächshaus zeigen Stilvorstellungen des 19.Jahrhunderts. Vor allem aber ist es das stille Grün, das einer längst vergangenen Zeit ergreifenden Abschied entbietet.

Real Fábrica de Paños. Blick von Norden auf die ehemalige Manufaktur.

Real Fábrica de Paños. Ein Zypressenbogen.

Real Fábrica de Paños. Dekorative Voliere und Fächerpalme.

TÖPFEGARTEN

Ort: Medinaceli

Die Stadt Medinaceli in der Provinz Soria liegt 1200 Meter über dem Meeresspiegel und erhebt sich auf einem Hügel hoch über dem Río Jalón. Der Ort bestand bereits vor der Römerzeit, von deren Herrschaft der berühmte, in Spanien einzigartige dreibogige Triumphbogen zeugt. Aus arabischer Zeit wird überliefert, daß der große maurische Heerführer Almanzor hier im Jahre 1002 gestorben ist. 1124 fiel die Stadt in die Hände der Christen. Seit dieser Zeit verbindet sich der Name der Stadt mit dem Geschlecht der Herzöge von Medinaceli, das zu den bedeutendsten Adelshäusern Spaniens gehört.

Wegen des rauhen Klimas wirkt die Stadt recht abweisend. Im Sommer aber werden viele Terrakottagefäße auf die Fensterbretter und vor die Häuser in die Sonne gestellt. Zumeist sind es Rosen, die in Spanien auf eine sehr lange Tradition zurückblicken und die sehr widerstandsfähig sind. Daneben blühen vor allem Geranien, die nicht winterhart sind und noch vor dem ersten Frost, genauso wie die verschiedenen Kakteenarten und Fetthennengewächse, ins Haus gebracht werden. Oft sieht man auch den rotblühenden, samtigen, fast künstlich wirkenden Hahnenkamm (Celosia cristata), der Mitte des 16. Jahrhunderts aus Zentralamerika nach Europa gelangte. Der erste Frost bereitet der Blütenpracht ein Ende. Nur die Rosen blühen zaghaft weiter. Sie werden ein wenig näher an die Hauswand gerückt, um dort einen wärmeren Standort zu bekommen. Interessant ist, daß auf dem gesamten zentralen Hochland von Kastilien, der Meseta, vor den Häusern immer wieder Töpfegärten gehegt und gepflegt werden. Man kann geradezu von einer volkstümlichen Gartenkultur sprechen. Die meisten Pflanzen bleiben bis in den Herbst hinein an ihrem Platz. Zumeist in ländlichen Gebieten ist es üblich, alle verbliebenen Blüten an Allerheiligen abzuschneiden und auf den Friedhof zu bringen.

Jedes Gefäß, ganz gleich ob Topf, Krug oder Kanne, muß herhalten, um eine Pflanze aufzunehmen und ein wenig Farbe vors Haus zu bringen.

Töpfegarten in Medinaceli.

LOS PALACIOS DE GALIANA

Provinz Toledo
Eigentümerin: Carmen Marañón de Fernández-Araoz

Die große Poesie des Palacio de Galiana hat ihren Ursprung in der engen Verflechtung von Geschichte und Mythos, denn dieser Ort ist untrennbar mit den Sagen und Legenden um die Heldentaten Karls des Großen verbunden. Eine dieser Heldentaten, die in dem epischen Gedicht »Mainet« aus dem 12. Jahrhundert besungen wird, erzählt davon, wie der jugendliche Kaiser die schöne Galiène, die Tochter des Maurenkönigs Galafre, entführte, um sie zum Christentum zu bekehren und zu heiraten, und daß sie bald darauf starb. Der Sage nach baute König al-Fahri oder Galafre von Toledo – er war der Sohn König Yusufs, der sich im 11. Jahrhundert gegen das Kalifat von Córdoba erhoben und Toledo als unabhängiges Königreich gegründet hatte – seiner Tochter zwei Paläste. Einer befand sich in der Stadt Toledo selbst, der andere, zu dem auch Gartenanlagen gehörten, wurde am Ufer des Tajo errichtet. Archäologische Untersuchungen haben ergeben, daß das Gebäude, mit dem diese Sage in Verbindung gebracht wird, in vormaurischer Zeit die Burg der Westgotenkönige von Toledo war.

Dieser Ort nahe der Brücke von Alcántara und gegenüber dem alten Alcázar, der alten Festung von Toledo auf dem gegenüberliegenden Ufer des Tajo, war schon seit antiker Zeit ein bevorzugter Platz. Das Gelände, das von einer Flußschleife umgeben ist, besitzt nicht nur strategischen Wert und den Vorteil der Stadtnähe, sondern ist zudem noch ungewöhnlich flach. Der Boden war seit jeher sehr fruchtbar und leicht zu bewässern, so daß es sich anbot, hier Obst und Gemüse anzubauen. Das Gelände grenzte an die römische Straße, die im Mittelalter von Toledo über Guadalajara nach Zaragoza führte und von dort aus über den Somport-Paß nach Frankreich.

Die Mauren herrschten in Toledo von 711 bis 1085. Die zweiunddreißigjährige Regierungszeit von al-Ma'mun (1043-1075) kann als ihr Höhepunkt angesehen werden. An seinem Hof pflegte man eine hohe Verfeinerung der Kultur und Sitten, man liebte den Luxus und lobte die Weisheit. Der Gelehrte al-Idrisi (1100-1165) lieferte folgende Beschreibung: »Die Gärten in der Umgebung von Toledo sind von Wasserläufen durchzogen, an deren Ufern Schöpfräder stehen, mit deren Hilfe ausgedehnte Obstgärten bewässert werden. Hier wächst eine Fülle herrlicher Früchte, die an Schönheit und Geschmack ihresgleichen suchten. Überall kann man hübsche Landhäuser und gut befestigte Burgen bewundern.«

Diese Gärten waren selbstverständlich nicht nur reine Nutzgärten. Dank der phantasievollen Verwendung von Wasser – Symbol des Lebens, der Reinwaschung, der Macht und des Vergnügens – erfüllte es nicht nur praktische Zwecke. Wir lesen zum Beispiel von einem Pavillon aus Kristall und Gold, den al-Ma'mun im Alcázar erbauen ließ. Auf dem Dach dieses Pavillons befand sich ein großes Wasserreservoir, aus dem zu allen Seiten ein Wasservorhang herabrieselte und sich in ein umgebendes Becken ergoß. Nachts saß al-Ma'mun in dem von Fackeln erleuchteten Pavillon, und von außen bot sich ein außergewöhnlich beeindruckender Anblick. Unter der Regierung von al-Ma'mun wurde aus der Festung am Flußufer ein bedeutendes Landgut des Königshauses – das maurische Wort für Landgut heißt »almunia« – mit wasserspeienden Löwen, die denen im Palast von Madinat al-Zahrá in der Nähe von Córdoba (im 10. Jahrhundert zerstört) oder in der Alhambra von Granada sehr ähnlich waren.

Im Jahre 1072 gewährte al-Ma'mun König Alfons VI. (1030-1109), der zeitweise vom Thron seines Königreichs León und Kastilien vertrieben worden war, für neun Monate Aufenthalt auf seinem »almunia«, seinem Landgut. Damals wurde der Palast von Galiana zum ersten Mal unter dem Namen »Huerta del Rey« – Garten des Königs – bekannt. Als Alfons 1077 auf seinen Thron zurückgekehrt war, legte er sich den Titel »Kaiser« zu, denn er bezeichnete sich als König der Christen, Moslems und Juden. Als er 1085 Toledo angriff, schlug er seine Zelte in der ihm wohlbekannten Huerta del Rey auf. Nach langer Belagerung eroberte er die Stadt. Im Kapitulationsvertrag wurde mit den Arabern vereinbart, den königlichen Alcázar und die Huerta del Rey mit ihren Festungsanlagen in gutem Zustand zu übergeben. Es erging ein Erlaß, der den Moslems gestattete, weiterhin in der Stadt zu wohnen. Allerdings zogen es viele dann doch vor, in das südlich gelegene al-Andalus auszuwandern, statt unter christlicher Herrschaft zu leben.

Los Palacios de Galiana. Blick auf den alten Palast, im Vordergrund der Patio von Carmen Marañóns Wohnhaus.

Die Huerta del Rey blieb, obgleich sie im Laufe der Jahre immer wieder verändert

Los Palacios de Galiana.
Die »alberca«, das Wasserbecken.

oben: Los Palacios de Galiana. Kletterrosen an der Seitenfassade des Wohnhauses von Carmen Marañón.
unten: Los Palacios de Galiana. Das Wohnhaus von Carmen Marañón.

Los Palacios de Galiana. Die »huerta«, der Obstgarten, mit Blick auf das Fenster im Mudéjar-Stil von Leonor de Guzmán.

Los Palacios de Galiana. Blick von der »huerta«, dem Obstgarten, in Richtung des Flusses.

wurde, im Besitz der Krone, bis sie Alfons XI. (1311-1350) seiner Geliebten Leonor de Guzmán schenkte, der Mutter des künftigen Königs Heinrich II. von Kastilien (1333-1379). Sie galt als eine der schönsten Frauen des Königreichs. Der König und seine Geliebte ließen den Garten und die Gebäude restaurieren, wobei der Palast nun im Mudéjar-Stil umgestaltet wurde. Damals wurde das große Fenster eingefügt, das die architektonische Schönheit des Hauptsaals unterstreicht. Es wird von vier schlanken Säulen aus schwarzem Naturstein gegliedert, deren Kapitelle als aufgerichtete Löwen gestaltet sind, dem Wappentier der Familie Guzmán.

Bis ins 20. Jahrhundert hinein blieb das Anwesen im Besitz der Familie, obwohl es bereits im 19. Jahrhundert verlassen war und arme Bauern und Zigeuner ihr Vieh in den ehemals so schönen Gärten weiden ließen. Zwischen den malerischen Ruinen des Palastes standen sie romantischen Malern Modell, wie zum Beispiel dem englischen Maler David Roberts. Die vorletzte Besitzerin aus der Familie Guzmán war Eugenia María de Montijo, die Gemahlin Napoleons III. und spätere Kaiserin Eugénie. Gegen Ende ihres Lebens trug sie sich mit dem Wunsch, den Palacio de Galiana zu restaurieren, aber sie starb 1920 im Alter von vierundneunzig Jahren in Madrid, ohne ihren Wunsch in die Tat umgesetzt zu haben. Ihr Erbe, der Herzog von Peñaranda, verkaufte 1959 den Besitz an Alejandro Fernández de Araoz. Der neue Eigentümer lebte nicht lange genug, um den Palacio de Galiana wieder aufzubauen, aber seine Witwe, Carmen Marañón de Fernández-Araoz, Tochter des bekannten Arztes und Essayisten Gregorio Marañón y Posadillo ließ den Palast und die Gartenanlagen mit Hilfe von Architekten und anderen Fachleuten vorbildlich restaurieren.

Ihr bester und klügster Entschluß war es, den Palast zwar soweit wie möglich wiederherzustellen, aber davon abzusehen, ihn zu einem zeitgemäßen Wohngebäude umzubauen. So wurde vermieden, daß all die Dinge, die heutzutage für ein bequemes Leben notwendig sind, die mittelalterliche Poesie des Anwesens zerstörten. In einiger Entfernung zur alten Festung ließ sich Carmen Marañón de Fernández-Araoz ein neues und modernes Wohnhaus bauen, dessen Garten mit Oleander bepflanzt ist. Geranien, Stiefmütterchen und Rosen stehen als Farbtupfer, und es sieht ganz so aus wie in den maurischen Gärten vor vielen hundert Jahren. Das Zentrum des Gartens, den die Besitzerin selbst gestaltet hat, bildet der mittelalterliche Palast, umgeben von Zypressen, die vor etwa dreißig Jahren in großer Zahl gepflanzt wurden und inzwischen dank des guten Bodens und der klimatischen Bedingungen herrlich hoch gewachsen sind. Die Zypressen werden regelmäßig geschnitten und wirken dicht und exakt im Umriß; sie verkörpern herrschaftliche Eleganz und klassische Einfachheit zugleich.

Im Palast fand man eine »alberca«, eine Zisterne, die vermutlich noch aus islamischer Zeit stammt. Sie war zu Beginn der Restaurierungsarbeiten völlig verschüttet und wurde erst in jüngster Zeit wieder freigelegt. Heute sind ihre Überreste in einem abgesenkten Hof zu besichtigen, der teilweise von einem Laubengang mit mächtigen Bögen umgeben ist, was die Existenz eines Senkgartens römischer oder arabischer Tradition an dieser Stelle vermuten läßt. In diesem Bereich wurde auch ein Tunnel gefunden, der von der Burg zum nahe gelegenen Fluß führte und wohl in Notzeiten als Fluchtweg gedacht war.

Der Tajo ist ein ruhiger Fluß, bevor er Toledo so dramatisch umfließt, und die Lage an diesem Fluß ist wie geschaffen für Obst-, Lust- und Liebesgärten. Der Raum zwischen dem Palast und dem Fluß, an dessen Ufer sich früher ein großes Wasserrad drehte, ist heute wieder Obstbaum- und Ziergarten. Ein mit Ziegeln gepflasterter Weg führt vom Palast zum Uferpfad. Er ist auf beiden Seiten von einer hohen Ligusterhecke gerahmt und öffnet sich an einer Stelle zu einem kleinen Patio, in dessen Mitte ein niedriges rundes Becken aus weißem Marmor mit einem Springbrunnen eingelassen ist – eine entfernte Erinnerung an arabische Inspirationen. Der angrenzende Obstbaumgarten, die »huerta«, ist eine zeitgenössische Interpretation des Paradieses, wie es im Koran beschrieben wird: Zwischen Apfel- und Birnbäumen, Pflaumen- und Pfirsichbäumen und Palmen wachsen Flieder, Spiräen und Zypressen. Überreste aus der Vergangenheit wie die Bögen eines altes Aquädukts, ein Terrakotta-Brunnenelement aus maurischer Zeit und die Überreste einer Wasseruhr, die von Azarquiel um 1060 gebaut wurde, sind hier zusammengetragen.

CASTILLO DE LAYOS

Provinz Toledo
Eigentümer: Miguel de Oriol e Ybarra und Inés de Sarriera de Oriol

Bereits zur Römerzeit gab es in der Gegend um Toletum, dem heutigen Toledo, verstreut Landgüter, die sehr stark den Charakter dieser Landschaft prägten. Manche dieser Anwesen haben den Wandel der Zeiten bis zum heutigen Tag überdauert. Der »fundus« oder die »villa« war in erster Linie ein Bauernhof, wo Getreide, Oliven und Wein angebaut wurden. Deshalb gehörten zu einer Villa immer Weizenfelder, ein Olivenhain und ein Weinberg. Cato der Ältere (234-149 v. Chr.) schrieb, daß ein ideales Landgut zudem immer auch einen Garten, einen Weidenhain, ein Eichenwäldchen und eine Viehweide haben sollte. Die römischen Villen in Spanien beeinflußten sowohl die Entwicklung der mittelalterlichen Klosteranlagen als auch die der großen Landgüter, die in den verschiedenen Regionen Spaniens unterschiedliche Merkmale besaßen und unterschiedlich bezeichnet wurden.

Die Römer wählten die Standorte ihrer Villen sehr sorgfältig aus. Sie achteten insbesondere auf Sicherheit, auf ausreichendes Wasservorkommen und auf gute Anbindungsmöglichkeiten an die Straßen; Qualitäten, die auch in den folgenden Jahrhunderten nichts an Anziehungskraft verloren. Das Castillo de Layos stammt aus dem

Castillo de Layos. Das Eingangstor im Mudéjar-Stil.

SEITE 54
Castillo de Layos. Die »alameda«, die Allee.

Castillo de Layos. Der Swimmingpool.

15. Jahrhundert. Es wurde auf den Überresten einer römischen Villa aus dem 2. Jahrhundert erbaut, die sich nahe der Römerstraße befand, die Metellinum und Toletum, heute Medellín und Toledo, miteinander verband. Auch heute lassen sich noch vielfältige Spuren der römischen Vergangenheit entdecken. Nicht nur, daß man auf dem Grundstück gelegentlich antike Münzen findet, auch die Art und Weise, wie das Gut bewässert wird, zeugt von römischen Traditionen. Das Wasser wird aus Brunnen mit Schöpfrädern, den »norias«, gehoben, die von Eseln angetrieben werden. Diese römisch-antike Schöpftechnik wurde später von den Mauren übernommen.

Die Katholischen Könige gaben den Besitz ihrem Vizekönig von Neapel, Fernando de Rojas, zum Lehen, der auch die Burg baute. Über die Generationen hinweg blieb das Anwesen im Besitz der gleichen, weitverzweigten Familie. 1968 erwarb Miguel de Oriol, einer der führenden zeitgenössischen Architekten in Spanien, das Castillo de Layos als Landsitz, restaurierte es und baute es zum Familienwohnsitz um. Seine Mutter stammt aus einer alten toledanischen Familie, die sehr mit der Gegend und ihren Traditionen verbunden ist. Zudem hatte seine damalige Frau, Carmen de Icaza, den Wunsch, im Zentrum von Spanien zu wohnen und nicht so sehr auf den weit entfernten Familienbesitztümern im Baskenland und in Andalusien. Das große Landgut sollte wieder Schauplatz für große Jagden in den Montes de Toledo werden und, wie zu römischer Zeit, von Gartenanlagen geschmückt und von bewirtschafteten Getreideanbauflächen umgeben sein.

Miguel de Oriol hat mit dem Garten von Castillo de Layos eine geistige Verbindung zwischen Bilbao und Sevilla geschaffen, eine Verbindung von Nebel und Licht. Das Haus aus dem 15. Jahrhundert mit seinen zwei Türmen, die auf römischen Fundamenten errichtet sind und von denen einer eckig, der andere rund ist, ist auf einem abschüssigen Gelände gebaut, das steil zu dem etwa vier Hektar großen Garten ansteigt, der auf der Rückseite des Hauses angelegt ist. Die äußere Erscheinung des Palasts erweckt den Eindruck einer Festung, was er in früheren Zeiten tatsächlich war, und wirkt etwas abweisend. Die nach Westen orientierte Hauptfassade ist nur durch ein Tor unterbrochen, das von einem »ajimez«, einem hufeisenförmigen Bogenfenster im Mudéjar-Stil, und einem kunstvollen Ziegel-Stuck-Ornament gekrönt wird. Wie viele mediterrane Wohnhäuser öffnet sich auch die Burg nach innen zu einem von einer Kolonnade umgebenen zentralen Innenhof, der deutliche Bezüge zu römischen Peristylhöfen oder mittelalterlichen Kreuzgängen zeigt. In diesem Hof befindet sich ein Brunnen, der selbst in den heißesten Sommermonaten eiskaltes Wasser zutage fördert. Inés de Sarriera, die heutige Besitzerin, hat den Brunnenrand mit Hortensien bestückt; rund um den murmelnden Springbrunnen in der Mitte des Hofes stehen Petunien in dekorativen Keramiktöpfen.

Eine grasbewachsene »alameda«, eine Allee, in der erst kürzlich ausgegrabene römische Säulen in regelmäßigen Abständen zwischen den Bäumen stehen, verbindet den Vorhof der Burg mit dem dahinterliegenden Garten. In der gartenseitigen Gebäudefront und genau in Achse des Haupteingangs befindet sich ein Glasvorbau, der von Miguel de Oriol entworfen wurde. Hier ist ein Deckenpaneel aus der Mudéjar-Zeit eingelassen, das aus einem Kloster in Toledo, das abgerissen wurde, gerettet werden konnte. Von diesem außergewöhnlichen Aussichtspunkt, einem »mirador«, kann der Besucher den Garten mit seinem in der Mitte angelegten Swimmingpool, der »piscina«, betrachten. Das Wasserbecken ist ein schmaler blauer Streifen, gerahmt von Granitsäulen, die eine zarte Anspielung auf ein antikes Peristyl darstellen. Dieses Motiv, das eindeutig auf die Villa Hadriana bei Tivoli und die Gartenkunst der italienischen Renaissance Bezug nimmt, wirkt auf dem trockenen Hochplateau von Toledo ausgesprochen überraschend.

De Oriol legte auch ausgedehnte Rasenflächen an, obwohl oder vielleicht weil sie mit der Tradition eines solchen Ortes kaum zu vereinbaren sind. Seitlich führt ein ringförmig angelegter Weg, auf dem die Pferde bewegt werden, um einen Olivenhain und um die Tennisplätze. Er erinnert an eine Rennbahn, ein römisches Hippodrom. Solche Wege gab es auf römischen Landgütern sehr oft, aber man hat ihnen bei Rekonstruktionen nur selten Aufmerksamkeit geschenkt. Hier beim Castillo de Layos waren es wohl vor allem praktische Gründe, denn die Zucht von arabischen und spanischen Vollblutpferden ist eine Passion des Eigentümers.

Castillo de Layos. Der Innenhof.

EL CASTAÑAR

Provinz Toledo
Eigentümer:
Graf von Mayalde und
Herzogin von Pastrana

Wenn man El Castañar zum ersten Mal besucht und den von alten Eichen und Ulmen gesäumten Zufahrtsweg hinunterfährt, überrascht der Anblick des mit kleinen Türmchen geschmückten Herrenhauses im schottischen Feudalstil. Diese Architekturmode geht auf Königin Victoria Eugenia, die britische Gemahlin von König Alfons XIII. (1902-1941) zurück. Ihre besonderen Stilvorstellungen waren durch den Sommersitz Balmoral ihrer Großmutter, Königin Victoria, geprägt worden und übten einen beträchtlichen Einfluß auf den spanischen Hof aus. El Castañar wurde 1909 als Jagdhütte der Grafen von Finat gebaut. Aufgrund der engen Verbindung zum Königshaus kamen hier bald die besten Schützen aus ganz Europa zusammen. Der gesamte Landsitz umfaßt etwa 10000 Hektar und liegt am Fuß der Sierra del Castañar am Rande der Montes de Toledo. Auf dem Gut wird Getreide angebaut und Rinderzucht betrieben. In der Nähe des Wohnhauses stehen noch das kleine Häuschen, mit dem sich die früheren Eigentümer begnügt hatten, und eine neugotische Kapelle, die wegen ihrer Größe allerdings eher als Kirche zu bezeichnen ist. Auf dem Gelände befindet sich außerdem ein Franziskanerkloster, das einstmals für seinen Obstbaumgarten mit seinen steinernen Bewässerungskanälen berühmt war. Hierher zog sich der Gründer des Klosters, Kardinal Francisco Jiménez de Cisneros (1436-1517), Regent während der letzten Regierungsjahre von Ferdinand dem Katholischen, gerne zurück.

Die etwa sieben Hektar große Gartenanlage von El Castañar ist typisch für einen Grundbesitz aus der Zeit der Belle Époque. Der weiträumige Vorhof des Hauses wird von zwei langen, pompösen Broderieparterres eingenommen, der angrenzende Hauptweg wird von Ligusterhecken gesäumt, aus denen Lorbeerkuben und Buchsbaumkugeln herausragen. Den Hintergrund bildet eine Reihe von Zypressen. Sie wurden vor fünfundsiebzig Jahren von dem damals sehr jungen Grafen von Mayalde auf Geheiß seines Vaters, des Grafen von Finat, aus Granada herbeigebracht.

Der sehr romantisch wirkende architektonische Garten vor der Südseite des Hauses ist ebenfalls von Zypressen umschlossen. Von hier aus blickt man zu den Bergen am Horizont. Der Garten erhält durch seine Lage mitten in der Wildheit dieser spanischen Landschaft seine besondere Schönheit. Das Gelände führt von der Terrasse, wo hohe Rosenbüsche Erinnerungen an das Fin de siècle wachrufen, hinab. Das Wasser des Springbrunnens in der Mitte des Gartenraums folgt dem Geländeverlauf, plätschert als Kaskade munter über einige Stufen und fließt in ein ovales Becken, das von Sandwegen umschlossen ist. Dieser Gartenraum wird von einer weiblichen Marmorskulptur in klassischem Stil bewacht. Es gibt hier auch einige Pferdeskulpturen, an denen man noch die Spuren des Spanischen Bürgerkrieges erkennen kann. Obwohl die Kämpfe bis in diesen verborgenen Garten drangen, so hat wohl die Nutzung von El Castañar als Schule für Politkommissare während des Krieges dazu beigetragen, daß es nicht völlig zerstört wurde.

El Castañar. Die gartenseitige Fassade.

SEITE 60
El Castañar. Der Garten vom Haus aus gesehen.

SANTA MARÍA DE LAS NIEVES

Provinz Toledo

Am Rand der trockenen Meseta, etwa 600 Meter über dem Meeresspiegel und nur zehn Kilometer von Toledo entfernt, lebte jahrhundertelang eine religiöse Gemeinschaft, die Santa María de las Nieves – der Heiligen Maria vom Schnee – geweiht war. Heute steht auf der Ostseite des Hügels, der ehedem von Mönchen bewohnt war, ein privates Wohnhaus; die ausdrucksstarken Ruinen des alten Klosters umgibt eine phantasievolle neue Gartenanlage, die die traditionelle Verbindung zwischen Gartendesign und spiritueller Transzendenz zu neuem Leben erweckt.

Um das Jahr 1480, als die Katholischen Könige die Inquisition in Kastilien einführten, gründete an dieser Stelle Pedro de Rivadeneyra, der Pfründeninhaber der Kathedrale von Toledo, die seit dem 12. Jahrhundert Sitz des Primats von Spanien ist, auf eigene Kosten ein Augustinerkloster. Im Jahre 1494 wurde der Prior des Klosters Santa María de las Nieves dem Prior des Dominikanerklosters San Pedro Mártir in Toledo unterstellt. 1531, als Toledo nicht nur Hauptstadt von Spanien, sondern unter Kaiser Karl V. auch Hauptstadt des gesamten Weltreichs war, gründete Papst Clemens VII. das Colegio de Santa María de las Nieves mit einem Lehrstuhl für Theologie und Geisteswissenschaften. Die Größe des damaligen Geländes, fast 640 Hektar, ist aufgrund eines Registers bekannt, das zur Zeit König Karls III. erstellt wurde.

Das Kloster Santa María de las Nieves leistete bis in die erste Hälfte des 19. Jahrhunderts hinein einen maßgeblichen Beitrag zum religiösen und kulturellen Leben Spaniens. Damals erlitt es zwei massive Schläge, von denen es sich nicht wieder erholen sollte. 1809 besetzten und plünderten Napoleons Truppen die Klostergebäude. Weit schlimmere Folgen aber hatte die Säkularisierung des Jahres 1835, als die Regierung die Aufhebung und Enteignung der religiösen Orden sowie die öffentliche Versteigerung aller Besitztümer anordnete. Nachdem der Besitz durch mehrere Hände gegangen war, wurde er 1945 von der Familie der heutigen Eigentümer erworben, die alles taten, um die wenigen noch erhaltenen Reste des ehemals so präch-

Santa María de las Nieves. Blick von der Olivenallee auf den Haupteingang.

tigen Klosters zu retten. Obwohl die Gesänge der Mönche und die kostbaren Kultgegenstände von Santa María de las Nieves schon lange verschwunden sind, ist die große Vergangenheit noch heute in den Klosterruinen spürbar. Zwischen den Mauerfragmenten aus goldfarbenem Stein ist eine Rasenfläche angelegt, die durch ein kreuzförmiges Wegemuster gegliedert und in deren Mitte ein großer steinerner Taufstein aufgestellt ist. In den vier Eckpunkten stehen große Lorbeerbäume. Als einziger Blumenschmuck rankt eine weiße Rose an den Pfeilerfragmenten empor. Sie ist Symbol der Jungfrau Maria, der Rosenkranz Inbegriff der marianischen Verehrung.

Das ehrgeizige Bauvorhaben, dessen Ergebnis man heute bewundern kann, wurde erst vor zehn Jahren begonnen. Der Architekt Ignacio Vicens Hualde war dem gesamten Projekt als Bauleiter sehr verbunden. Die landschaftsgärtnerischen Arbeiten auf dem Felsvorsprung, auf dem das Wohnhaus errichtet wurde, sind das Werk von Leandro Silva Delgado, der hier einen außerordentlich phantasievollen Garten schuf. Mit dem ihm eigenen Respekt vor der Vegetation, die er in diesen fast unfruchtbaren Hügeln vorfand, gelang es ihm, nicht weniger als 32, zum Teil sehr alte Olivenbäume aus den verschiedenen Bereichen des Anwesens auszugraben und zu versetzen. Er pflanzte sie als Doppelallee neben dem Fußweg, der zum Haus führt, wieder ein. Die knorrigen Stämme der Olivenbäume tragen üppige silbergraue Kronen. Sie spenden dem Ankommenden Schatten und stehen so ordentlich aufgereiht wie eine Begrüßungsabordnung der Mönche. Der Weg unter den sich wiegenden Baumkronen wird von einem breiten Streifen Lavendel gesäumt.

Der Garten senkt sich von der Südseite des Hauses in Terrassenstufen hinab. Treppenanlagen, deren Verlauf durch regelmäßig gepflanzte Zypressen betont wird, führen den Besucher zu verschiedenen Gartenräumen, die aus dem Fels herausgearbeitet und von der Höhe des Abhangs nur teilweise sichtbar sind. Einer der größten Gartenräume ist ein gepflasterter Gartenhof mit einem Teich in der Mitte. Im Mai wird er von üppig blühenden rosafarbenen Rosensträuchern gerahmt. Andere Garten-

Santa María de las Nieves. Der Garten des Kreuzgangs.

Santa María de las Nieves. Die Wassertreppe.

Santa María de las Nieves. Terrasse mit Wasserbecken und Rosen.

SEITE 65:
Santa María de las Nieves. Das Wasserlabyrinth.

räume erinnern mehr an Klosterzellen. Sie sind in unterschiedlicher Weise mit Lorbeer, Rosmarin und Lavendel bepflanzt und laden zur Kontemplation ein.

Der Blick über die Hügel der toledanischen Landschaft wird auf eine Einsiedelei auf der gegenüberliegenden Anhöhe gelenkt, wohin sich die Mönche zurückzogen, um in der Wildnis Buße zu tun. Noch beeindruckender und von großer spiritueller Wirkung ist das Wasserlabyrinth, das am Fuß dieses Hügels angelegt ist. Üblicherweise werden Gartenlabyrinthe mit Hecken angelegt, doch das Labyrinth von Las Nieves ist anders. In seiner Abstraktheit verzichtet es auf Hecken oder Mauern und trennt die Wege durch Wasserkanäle, die man – wenn man will – einfach überspringen kann. Dieses Labyrinth ist nicht furchteinflößend wie das auf Kreta und nicht verspielt wie so viele Labyrinthe des Barock, in denen vorgetäuscht wird, daß man sich darin verliert, oder in denen man absichtlich und zum Spaß in die Irre geführt wird. Dieses Wasserlabyrinth ist ein modernes Symbol geistigen Suchens. Es wird von einer Hecke aus dicht gepflanzten Zypressen gerahmt, die den Gartenraum zur umgebenden Landschaft hin begrenzt, so daß sich die Aufmerksamkeit ganz nach innen wenden kann. Für den Besucher ist nicht ersichtlich, ob die mit Keramikfliesen ausgelegten Wege das grundlegende Kompositionselement sind oder die kleinen Kanäle, in denen sich das Licht des Himmels spiegelt. Der Schlüssel zum Geheimnis dieses Labyrinths ist, wie in einem Zen-Garten, das harmonische Zusammenspiel von plästischer Gestalt und Fläche.

Das Gefälle des Gesamtgeländes erkennt man sehr deutlich auf der Nordseite des Hauses. Hier gibt es eine kleine Wassertreppe in der Mittelachse einer Treppenanlage, die in drei Absätzen zu einem Wasserbecken führt und am Fuß eines alten steinernen Kreuzes zur Ruhe kommt. Die Treppenanlage wird zu beiden Seiten von Blauglokkenbäumen (Paulownia tomentosa) und Zypressen gesäumt. Die Bäume sind mit blühenden Gehölzen unterpflanzt, und über allem liegt der Duft von Thymian, Lavendel und Rosmarin.

LA GRANJA DE SAN ILDEFONSO

Provinz Segovia
Eigentümer: Patrimonio Nacional-Real Casa

Bei einem Besuch von La Granja ist es von Interesse, sein Augenmerk zunächst auf die Zeit von König Philipp V., dem Gestalter dieser Gartenanlagen, zu lenken. Obwohl seit seiner Entstehung fast dreihundert Jahre vergangen sind, ist die Anlage des Gartens nach wie vor sehr klar und schön, selbst wenn manches im Laufe der Zeit verlorengegangen ist. Wenn der Garten von La Granja hier nun beschrieben wird, soll er nicht wie bei vielen anderen Autoren nur als eine schwache Kopie der Gärten von Versailles gewertet werden, sondern ganz im Gegenteil als ein großartiger Entwurf, der den spanischen Geist in einmalig überzeugender Weise zum Ausdruck bringt.

Es ist bekannt, daß der Mann, der den Garten schuf, nicht als König von Spanien geboren wurde. Er war Franzose von Geburt. Die Großmutter von Philipp V., Maria Theresia von Österreich, Tochter Philipps IV. von Spanien, war Prinzessin von Asturien und Erbin des spanischen Throns, bevor sie Ludwig XIV. von Frankreich (1643-1715) heiratete. Seine Urgroßmutter, Anna von Österreich, war die Gattin von Ludwig XIII. von Frankreich und Tochter von Philipp III. von Spanien, der den Sonnenkönig nach dem Burgundischen Protokoll des spanischen Hofs erzog.

Philipp kämpfte zwanzig Jahre lang um den spanischen Thron für sich und seine Erben. Er stellte sich selbst an die Spitze einer Armee und zog kreuz und quer durch das von ihm geliebte Spanien. Philipp, der häufig Entbehrungen in Kauf nehmen mußte, lernte nur zu gut verstehen, was Niederlagen bedeuten. Er erhielt den Beinamen »El Animoso«, der Tapfere. Sicher hat der junge König, der als Sechzehnjähriger Frankreich für immer verließ, sich gerne an Versailles erinnert, wo er aufgewachsen war. Es wäre auch keine Überraschung gewesen, wenn Philipp sich bei der Anlage von La Granja von den Erinnerungen seiner Jugend hätte leiten lassen und Versailles zitiert hätte. Schließlich war dieser Garten für Philipp nicht nur ein Meisterwerk der Gartenkunst des 17. Jahrhunderts, sondern auch eine ganz persönliche Erinnerung an die glanzvolle Herrschaft seines Großvaters. Es wird jedoch oft vergessen, daß die französische Gartenkunst auch Einflüsse aus Spanien aufgenommen hat. Zum Beispiel ist die Gartenanlage des Palacio de El Buen Retiro in Madrid eines der Vorbilder für Versailles gewesen.

Im Jahre 1719, als Philipp sich auf einer Jagd befand, entdeckte er eine Stelle, an der er sich ein kleines Refugium errichten lassen wollte. Nachdem er zugunsten seines Sohnes Luis abgedankt hatte, wollte Philipp hier ein zurückgezogenes Leben führen, ohne sich weiter um die Staatsgeschäfte kümmern zu müssen; der Garten war also als Ruhesitz gedacht. (Allerdings mußte Philipp im Jahre 1724, nach dem Tod seines Sohnes, wieder die Herrschaft übernehmen.) In dieser Hinsicht unterschied sich La Granja grundsätzlich von Versailles, das von Ludwig XIV. als Zentrum und Höhepunkt seiner Macht geplant und ausgeführt worden war.

Es mag sein, daß das Schicksal seine Hand an jenem Tag im Spiel hatte, als der König von seiner Jagdgesellschaft getrennt und durch Zufall zur Einsiedelei von San Ildefonso gelangte, die etwa 1 300 Meter hoch in der Sierra de Guadarrama liegt. Dort fand er Schutz in der »granja«, dem Bauernhof, der zu dem nahe gelegenen Kloster El Parral gehörte. Die Einsiedelei war von Heinrich IV. von Kastilien zu Ehren des Heiligen Ildefonso gegründet, das Gelände, auf dem sie sich befand, im Jahre 1477 von den Katholischen Königen der religiösen Gemeinschaft gestiftet worden. Philipp erwarb den Besitz für die Krone, damit er sich seinen Traum vom zurückgezogenen Leben erfüllen konnte, und verpflichtete sich, den religiösen Charakter und die Besonderheit des Ortes zu respektieren.

Deshalb ist es kein Zufall, wenn der Blick des Besuchers zuerst auf das Kreuz gelenkt wird, das sich über der zentralen Kuppel des beeindruckenden Gebäudekomplexes erhebt, den Philipp an dieser Stelle errichten ließ. Die Ansicht des Palasts vom Vorhof aus ist von der Kollegiatskirche bestimmt, die den Mittelpunkt der Anlage bildet. Es war der Wunsch des Königs, alles unverändert zu erhalten, was an diesem Ort vorhanden war, und so umschließt die Schloßanlage als Herzstück den Patio de la Fuente, den Kreuzgang des ehemaligen Klosters. Auch die Obstbaumpflanzungen der Klostergemeinschaft bezog Philipp in die Gesamtkonzeption ein, und er vergrößerte die bestehenden Ulmenhaine, die von den Mönchen gepflanzt worden waren.

Philipp wurde von seiner zweiten Gemahlin, der aus Italien stammenden Isabella

oben: La Granja de San Ildefonso. Die Gartenfassade.
unten: La Granja de San Ildefonso. Die Cascada Nueva, die Neue Kaskade.

La Granja de San Ildefonso. Das Parterre der Andromeda.

La Granja de San Ildefonso. Eine Schmuckurne.

Farnese, in seinem Wunsch nach einem zurückgezogenen Leben voll und ganz unterstützt. Isabella Farnese war eine kultivierte und intelligente Frau. Der Einfluß der Königin ist sowohl in der Wahl der Architekten ersichtlich, die mit dem Entwurf für die königliche Residenz in La Granja beauftragt waren, als auch in dem von italienischen Vorbildern geprägten Maßstab der Gebäude und der Ausführung der Details. Isabella trug ebenfalls maßgeblich zum Entwurf der Gartenanlage bei. Der Garten erstreckt sich vor der Rückseite des Palasts, die, barocken Vorstellungen entsprechend, mit besonderer Sorgfalt gestaltet wurde.

Denjenigen, die behaupten, daß die Entscheidung des Königs für diesen Ort willkürlich und fragwürdig war, ist entgegenzuhalten, daß Philipp mit Sicherheit eine bewußte Entscheidung traf. Man darf davon ausgehen, daß er, wie schon sein Großvater vor ihm, durchaus in der Lage gewesen wäre, seine Machtfülle durch eine bis zu einem scheinbar unendlichen Horizont reichende Gartenanlage darzustellen und das weite Hochland von Kastilien nach seinen Vorstellungen zu gestalten. Philipp entschloß sich jedoch, die von der Natur gesetzten Grenzen zu respektieren. In sehr ungewöhnlicher Weise, die die hitzköpfigen Verfechter französischer Stilvorstellungen ungeheuer irritierte, ließ er in seine Planung ein gewisses Maß an Ungezwungenheit und Wildheit einfließen.

Auf dem Plan scheint die Gestaltung der Gartenanlagen von La Granja dem gängigen Grundmuster von geometrischen Parterregestaltungen und orthogonalen Wegenetzen ganz und gar zu entsprechen. In den Gärten selbst, im räumlichen Erleben, erweist sich die strenge Ordnung als außerordentlich angenehm. Man spürt die große Freiheit, mit der die Vielzahl einheimischer und eingeführter Bäume und Sträucher behandelt wird. Sie steht im Gegensatz zu der strengen Ordnung des Gesamtentwurfs. Je weiter man bergan steigt, desto mehr verliert sich die disziplinierte Gestaltung der abgesenkten Parterres mit ihren exakt geschnittenen Buchshecken. Die alten Ulmenhaine sowie die Pflanzungen der aus den Niederlanden und Frankreich importierten Linden und Kastanien gehen harmonisch über in die Bestände einhei-

La Granja de San Ildefonso.
Statue des Apollo.

La Granja de San Ildefonso.
Die »Carrera de Caballos«, die Pferderennbahn.

La Granja de San Ildefonso. Die »Fuente de los Baños de Diana« – der Diana-Brunnen.

mischer Bäume, etwa von Föhren oder Pyrenäen-Eichen. Die Gärtner Philipps V. hatten sie in ihrer natürlichen Umgebung einfach wachsen lassen.

Insgesamt waren mehr als fünftausend Helfer nötig, um hier im Laufe von zwanzig Jahren diesen etwa 150 Hektar großen Garten zu schaffen. Es ist bekannt, daß man Felsvorsprünge sprengte, um Wege anzulegen, und in großen Mengen Mutterboden herbeibrachte, um Büsche und Hecken zu pflanzen. Dabei überrascht es eigentlich, daß die einzelnen Bereiche kaum terrassiert sind.

Wenn er seinem Großvater ähnlich gewesen wäre, der an niemandem und nichts sparte, um das Land um Versailles zu unterwerfen, dann hätte Philipp wohl den kleinen Hügel eingeebnet, der den Blick von der Vorderseite des Palasts verstellte und im Vorhof nur wenig Raum für die Anlage von zwei Rasenplätzen ließ, die sich zur Mitte hin absenken und mit Blumen bepflanzt sind. Weil sich dieser niedrige Hügel in einer Achse mit dem Haupttor, der von einem Kreuz gekrönten Kapelle und den abgesenkten Parterres befand, wurde er zum Zentrum der Gartenkomposition. Er wurde zum vertikalen Maßstab der Cascada Nueva, einer majestätischen Treppenanlage aus Marmor. Mit Hilfe von Wasserrädern wird hier ein mächtiger Wasserstrom nach unten geführt, der sich funkelnd und glänzend in das ovale Wasserbekken am Fuß des Hügels ergießt.

Um dieses Gartenbild zu vervollständigen, auf das man den schönsten Ausblick von den Fenstern des zweiten Geschosses hat, ließ Philipp als Krönung des Hügels und des Wasserfalls einen achteckigen Pavillon errichten, der mit allegorischen Gestalten geschmückt ist, die die vier Kontinente darstellen, auf denen die spanische Monarchie Besitzungen hatte. Dieser Pavillon wird von einer Figur gekrönt, die den Triumph des Glaubens darstellt und so dem zentralen Anliegen des spanischen Monarchen Ausdruck verleiht.

La Granja de San Ildefonso. Die »Fuente de Letho« – der Letho-Brunnen.

Obwohl sich die Gartenanlage, zumindest auf dem Plan, an einer alles verbindenden Hauptachse orientiert, empfindet der Besucher deutlich, daß die Gärten in zwei verschieden große Abschnitte unterteilt sind, die auch ein unterschiedliches Interesse wachrufen. Es scheint, als ob überall sich in Bewegung befindende Figuren Wache stünden, die von der »Iconologia« von Carlo Ripa inspiriert wurden. Für den Skulpturenschmuck verpflichtete der König französische Bildhauer wie René Frémin, Jean Thierry, Antoine und Hubert Dumandré, Pitué und Jacques Bousseau. In ganz Europa gibt es keinen Barockgarten, der sich mit dieser Kombination von Skulpturenschmuck und Wasser messen könnte. Insgesamt sechsundzwanzig Wasserspiele lassen sich in diesem Garten entdecken, von denen sich die schönsten in dem kleineren Gartenbereich befinden, der östlich der Hauptachse liegt.

Unter der Leitung des Landschaftsarchitekten Esteban Boutelou und seiner spanischen Mitarbeiter bevölkerten René Frémin und Jean Thierry im Auftrag von Königin Isabella eine Folge von Teichen, die unter dem Namen »Carrera de Caballos« – Pferderennbahn – bekannt ist. Der Name bezieht sich auf die Pferde, die ihre herrlichen Köpfe aus dem großen Becken der Fuente de Neptuno – dem Neptuns-Brunnen – emporrecken. Zwischen Kastanienbaumreihen steigen ununterbrochen mächtige Wasserstrahlen steil gen Himmel, fast als ob sie den Pico de Peñalara zu erreichen suchten. Sie sind der erfrischende Kontrapunkt zu den in glitzernden Bögen sprühenden Wassern und den mythologischen Szenen, deren Bedeutung einem klassisch gebildeten Publikum wohlbekannt war. Dieses herrliche Ensemble kulminiert in dem Andromeda-Brunnen, dessen Symbolik – Perseus erschlägt das von der Göttin Juno gesandte Seeungeheuer, bevor es die an die Insel gekettete Prinzessin verschlingen kann – den treuen Gefolgsleuten des Königs bestimmt nicht entgangen sein wird. Aber vielleicht ist die Wappeninschrift »nec sorte nec fato« – weder Glück noch

Schicksal – die wichtigste Botschaft, die die Rechtmäßigkeit dieses ersten Bourbonenkönigs auf dem spanischen Thron betont. Er ist hier, in der wichtigsten Skulpturengruppe des Gesamtensembles, als Apoll dargestellt: die glänzend polierte Bleiskulptur eines Mannes, der in ein geistreiches Gespräch mit Minerva, der Göttin der Weisheit, vertieft ist, wobei der vernichtete Drache der Ignoranz zwischen ihnen Wasser emporspeit.

Eine Beschreibung von La Granja wäre unvollständig, wenn man nicht die Fuente de la Fama – den Brunnen des Gerüchts – erwähnte, der sich am Ende des südlich vor dem Palast angelegten Parterres befindet. Pegasus, das geflügelte Roß, bereit zum Sprung von der Spitze des Berges Helicon, trägt auf seinem Rücken die allegorische Gestalt des Gerüchts, die eine Trompete zur Verkündigung des Guten und eine andere zur Verkündigung des Schlechten trägt. Mit dem Schlag seines Hufs war Pegasus der Sage nach fähig, den heiligen Fluß Hippocrene entspringen zu lassen. Noch in der zehn Kilometer entfernten Stadt Segovia ist der berühmte, hoch emporschießende Wasserstrahl des Fama-Wasserspiels zu sehen, der als höchste Fontäne ganz Europas gilt. Er steigt mit eruptiver Macht in die Höhe und scheint so den lebendig wirkenden, pyramidal angeordneten Figuren noch mehr Energie zu verleihen. Die Terrasse unmittelbar oberhalb des Parterres mit dem Fama-Brunnen endet an der Fuente de los Baños de Diana – dem Bad der Diana -, einem künstlerischen Tribut an Philipp V., der wie Aktaëon an einem arkadischen Ort anhielt und sich erfrischte.

Man kann diesen Gartenbereich aber nicht verlassen, ohne auf den Fuente de Leto – den Letho-Brunnen –, auch Fuente de las Ranas – Froschbrunnen – genannt, einzugehen. Dieses Wasserspiel ist ein Wunder der Ingenieurbaukunst des 18. Jahrhunderts, das sich im Gewand der klassischen Mythologie präsentiert. In einer Lichtung sitzt die majestätische Gestalt der Letho – die Mutter von Apoll und Diana, die hier vielleicht Maria Theresia von Österreich, die in Spanien geborene Großmutter des Königs verkörpert – auf dem Thron. In dem runden Wasserbecken zu ihren Füßen befindet sich eine Schar von Bauern, die von der Göttin gerade dazu verdammt wurden, in dem Element zu wohnen, das sie ihr verweigert hatten. Zur Strafe werden sie in Frösche verwandelt, die nun zischen und spucken, sich aber gegen ihr Schicksal nicht wehren können. Das höchst raffinierte Zusammenspiel der Fontänen, deren feiner Nebel die schützenden Blätter der umgebenden Bäume benetzt, gehört zum Aufregendsten, was jemals mit Wasser in Gärten geschaffen wurde. Nirgendwo ist dieses verzaubernd wirkende, lebenspendende Element in so großer Fülle vorhanden und wird es so abwechslungsreich und mit überraschenden Effekten gestaltet wie in La Granja.

La Granja lebt mit den Jahreszeiten. Im Frühjahr ist der Garten voller Blumen und zartgrüner Pflanzen; der Sommer bietet eine Masse von intensivem und dichtem Grün, das vor der gleißenden Sonne Schatten spendet; der Herbst zeichnet sich durch eine raffinierte Farbenvielfalt aus, und es gibt nichts Eleganteres als das verschneite La Granja im Winter.

Gleichgültig zu welcher Jahreszeit der Besucher kommt, er darf nicht versäumen, »El Mar«, das Meer, zu sehen. Dieser große, künstlich angelegte Teich liegt am anderen Ende der Gartenanlage und des Palasts ganz versteckt hoch oben im Wald. Er reflektiert in seinem klaren, kalten Wasser die Berggipfel, von denen das Wasser herunterfließt. »El Mar« ist ein Ort von eigenartiger Schönheit, der Einsamkeit und Erfrischung bietet. Es ist aber auch der Ort, der dank des komplizierten und noch weitgehend intakten Systems von Kanälen, Bewässerungsrinnen, Rohrleitungen und Pumpen aus dem 18. Jahrhundert die Quelle der scheinbar unerschöpflichen Erneuerungskraft von La Granja ist.

Die vollendete Gestaltung von La Granja mit Skulpturen und Wasserspielen geht auf italienische Vorbilder zurück. Spanien, dem Schmelztiegel der unterschiedlichen Traditionen der Gartenkunst, verdankt es die herrliche Lage in den Bergen, das Wasser und den kreativen Bruch mit den rationalen französischen Gartengestaltungen. Aber auch vorsichtige Übernahmen der revolutionären Gestaltungsideen der englischen Landschaftsgestaltung lassen sich hier entdecken. In La Granja bilden Architektur, Geometrie und Empfindsamkeit zusammen mit dem Geist der Freiheit und dem Naturempfinden eine harmonische Synthese.

La Granja de San Ildefonso. Die »Fuente de la Fama« – der Brunnen des Gerüchts.

EL ROMERAL DE SAN MARCOS

Provinz Segovia
Eigentümer: Leandro Silva Delgado und Julia Casaravilla

Der nach Westen ausgerichtete Alcázar von Segovia liegt auf einem Vorgebirge, an dessen Fuß der Río Clamores in den Río Eresma mündet. In einem Tal mit üppiger Vegetation am Nordufer des Eresma gelegen und mit Blick auf den Alcázar am jenseitigen Ufer, drängt sich eine Gruppe von Häusern um eine kleine Kirche, die dem heiligen Markus geweiht ist. Er hat der Siedlung auch ihren Namen gegeben: San Marcos. Vor einigen Jahren entdeckte der Landschaftsarchitekt Leandro Silva Delgado hier eine alte Mühle, die er mit der Absicht kaufte, dort ein Atelier einzurichten.

Aber was veranlaßte den Wanderer dazu, sich an diesem Ort niederzulassen? Leandro Silva Delgado entdeckte in der Landschaft etwas, was vor ihm noch niemandem aufgefallen war. Er erwarb die alte Mühle und nach und nach das umliegende Gelände und wurde so zum Herrn eines großen, geschichtsträchtigen Stücks schönster Landschaft.

Hinter dem Haus steigt das Gelände senkrecht an. Der glatte Fels bildet einen räumlichen Abschluß und kragt zudem noch wie ein Vordach über dem Haus aus. Vom Blickwinkel dieses fast steinzeitlich anmutenden Platzes aus beherrscht das Märchenschloß des Alcázar – eine Festung aus der Renaissancezeit – den gesamten Horizont. Im Jahre 1976 erwarb Leandro Silva einen nahe gelegenen Obstbaumgarten am Fuße des felsigen Höhenkamms. Dort sammelt sich Quellwasser in einer natürlichen Vertiefung, das so reichlich zur Verfügung steht, daß man das Land selbst in den Trockenzeiten des Frühjahrs und im glühend heißen Sommer zweimal täglich

El Romeral de San Marcos. Blick vom Garten zum Alcázar.

SEITE 74
El Romeral de San Marcos. Blick vom Garten auf das Kloster El Parral.

El Romeral de San Marcos. Treppen, die zur ersten Gartenebene führen.

El Romeral de San Marcos. Die oberste Ebene des Gartens.

SEITE 77
El Romeral de San Marcos. Petunien und Astern.

bewässern kann. Dieses kleine Stückchen Land bot dem Landschaftsarchitekten einen kreativen Freiraum bei seiner Suche nach einer rhythmischen Harmonie von Farben und Formen und zur Umsetzung seiner Neigung zu Strenge und Maßstäblichkeit.

Die Gestaltung des eigenen Gartens ist bekanntlich eine unvergleichliche Erfahrung auf dem Wege zur Selbsterkenntnis. Der Garten von Leandro Silva ist keine Erweiterung seines Hauses, da er durch eine schmale Straße abgetrennt ist, die weiter östlich, das Tal hinauf, zum Kloster El Parral führt. Dieser Garten ist eigenständig und unabhängig, ähnlich wie sein reisefreudiger Schöpfer, der sich zwar in Spanien niedergelassen hat, aber nach wie vor häufig durch Europa und Lateinamerika reist und immer wieder sein Heimatland Uruguay besucht.

Eines der Hauptkompositionselemente des Gartens ist die schlanke italienische Zypresse, die mit ihrem dunklen Grün sehr ernst wirkt. Dazu kommt Buchsbaum, der in der spanischen Gartenkunst große Tradition hat und eine wesentliche Rolle spielt. An vielen Stellen wächst Rosmarin, der dem Garten seinen Namen gegeben hat – El Romeral bedeutet auf Deutsch Rosmarinfeld. Der untere Bereich des Gartens, der an die Straße grenzt, ist von einer Hecke aus Weißdorn und Feuerdorn umschlossen. Charakteristisches Merkmal dieses Gartens ist der warme, zurückhaltende Terrakottaton der schmalen Stufen und der niedrigen Umfassungsmauern. Das gleiche Material findet man auch bei den mit Kamelien bepflanzten Blumenkübeln und bei der kleinen »alberca«, der Zisterne, von der aus das murmelnde Wasser in einer schmalen Rinne durch den Garten geführt wird.

Üblicherweise sind die spanischen Gärten »grüne Gärten«. Um so erstaunlicher ist es, daß der Garten von El Romeral de San Marcos gerade auf Farbwirkung angelegt ist. Er zeigt sich, besonders im Frühling mit seiner Blütenfülle und im Herbst mit seinen dunklen Grün- sowie vielfältigen Rot- und Goldtönen, in großem Farbenreichtum.

Das Frühjahr ist die spektakulärste Jahreszeit, wenn der Kirschapfel und die japanische Zierkirsche über und über mit farbigen Blüten bedeckt sind sowie die verschiedenen Narzissenarten und später die Tulpen, gefolgt von den Staudenpäonien und den Strauchpäonien, blühen. Zu den besonderen Pflanzen in diesem Garten gehören die Säckelblume und die »Clematis Jackmanii«-Waldrebe, die erstaunlicherweise in Spanien nur recht selten zu finden sind. Hier stehen sie in der Flut ihrer satten Blautöne neben der zarten Farbe des Lavendels.

Im Frühsommer blühen die alten Gartenrosen und seltenen Hybriden, die Leandro Silva sammelt – die verstorbene Marquise von Casa Valdés hatte ihn bei ihren gemeinsamen Gesprächen dazu angeregt. Zu der Rosensammlung zählen die heute wieder populäre Bourbonrose »Souvenir de la Malmaison«, eine französische Züchtung von Beluze aus dem Jahre 1843, die Strauchrose »Iceberg« – zu deutsch »Schneewittchen«, – eine Floribunda-Rose von Kordes aus dem Jahre 1858, »The Garland«, eine Rosa-moschata-Hybride des englischen Züchters Mills aus dem Jahre 1835, »New Dawn«, eine Wichuraiána-Rose, die 1930 von der Somerset Rose Company in den Vereinigten Staaten gekreuzt wurde, und schließlich auch »Yvonne Rabier«, eine Floribunda-Rose von Turbot in Frankreich aus dem Jahre 1910.

Zum Frühling in El Romeral de San Marcos gehört die »Fiesta de los Lirios«, das Lilienfest. Seit fünfzehn Jahren laden Leandro Silva und seine Frau Julia Casaravilla ihre Freunde zu einem Fest, wenn die Schwertlilien in Blüte stehen. Bei dieser Gelegenheit mag der eine oder andere Besucher sich an das Bibelwort über Lilien im sechsten Kapitel des Matthäus-Evangeliums erinnern, in dem es heißt: daß »selbst Salomo in all seiner Herrlichkeit nicht gekleidet war wie eine von ihnen«. Das Gärtnerehepaar Jesús und Celestina Martín kümmert sich liebevoll um die Iris, die mit den Sorten Arpège, Baccarat, Deep Space, Etincelle, Siva Siva, Tahiti Sunrise und Lunar Fire vertreten sind.

Im Herbst ist es das Farbenspiel der verschiedenen Ahornarten, der Hainbuchen und Eiben, der Wacholderbüsche und Rotbuchen, der Parrotien (Zaubernußgewächse) und Kaukasischen Zelkoven, der Hamamelis- und Myrtenbüsche und der dunkelgrünen schlanken Zypressen, das den besonderen Reiz dieses Gartens ausmacht.

Galicien

PALACIO DE OCA

Provinz Pontevedra
Ort: La Estrada
Eigentümer: Fundación Casa Ducal de Medinaceli

Palacio de Oca. Blick über den oberen Teich auf die Mühle.

Die Landschaft Galiciens im Nordwesten von Spanien wirkt oft mysteriös und ist von großer Stille. Es scheint so, als ob der stete Regen das Land ausgewaschen und ihm seine abgerundeten, sanften Konturen gegeben hat. Die Landschaft ist von den »pazos«, den Herrenhäusern, mit ihren Gärten und Ländereien geprägt. Im Laufe der Jahrhunderte eigneten sich diese Landgüter immer größere Gebiete an. Sie beeinflußten die Sitten und Gebräuche, und ihre reichen und angesehenen Eigentümer führten einen bestimmten Verhaltenskodex ein.

Die Funktion und die Form dieser Landgüter weisen, ebenso wie der Name »pazo«, bis in die Römerzeit zurück. Der Begriff stammt aus dem Lateinischen und ist von »palatium«, Palast, abgeleitet. Ganz gleich, ob die galicischen Adelsfamilien ihr Land selber bewirtschafteten oder ob sie es verpachteten, sie versuchten immer, einen Teil des Gewinns zur Verschönerung in ihre als Sommersitze genutzten »pazos« zu investieren. Davon zeugen viele kostbare alte Steinmetzarbeiten, die aus der berühmten Bildhauerschule von Santiago de Compostela stammen. Oca war ursprünglich ein Anwesen von etwa 10000 Hektar Gelände. Aufgrund einer alten Tradition ist es das einzige Herrenhaus in Galicien, das nicht »pazo« genannt wird, sondern zu Recht den Titel »palacio« trägt.

Der Palacio de Oca liegt nahe der Stadt La Estrada am Südufer des Río Ulla, etwa fünfundzwanzig Kilometer südlich von Santiago de Compostela. Die Anfänge seiner

Geschichte sind von Gewalttaten bestimmt: Die Festung, die Suero de Oca im 12. Jahrhundert errichten ließ, wurde während seiner Abwesenheit von seinem Feind Alonso de Fonseca, dem Erzbischof von Santiago de Compostela, angegriffen. Dieser nahm den Besitz ein und entführte die Frau Suero de Ocas, die bald vor Kummer starb. Der Erzbischof behielt das Herrenhaus, und erst im Jahre 1564 übertrug Papst Pius V. das Landgut Philipp II. Der verkaufte das Anwesen im Jahre 1568 an Doña María de Neira y Vargas. Das in Granit ausgeführte Wappen dieser adeligen Dame schmückt gemäß den Traditionen der großen galicischen Herrenhäuser die Eingangsfassade des Palasts. Die Heraldik nimmt Bezug auf den Anspruch Doña Marías, ein Nachkomme der mythologischen Königin Loba, der Wolfskönigin, zu sein, deren Sohn Darío eine Schlange am Ufer des Flusses Arca erschlug, der in früheren Zeiten Neyra hieß.

Das Landgut von Oca ging durch Erbschaft in den Besitz der Familie Gayoso über. Deren Wappen zeigt drei über Kreuz angeordnete Forellen auf einem blau gestreiften Untergrund. Andrés Gayoso Mendoza heiratete Constanza Arias Ozores, Gräfin de Amarante, Hofdame der Königin, der Philipp V. im Jahre 1719 das Marquisat von San Miguel das Penhas y de la Mota übertrug. Durch dieses Ehepaar wurden die ehemalige mittelalterliche Festung in den ersten Jahren des 18. Jahrhunderts umgestaltet und der Turm restauriert. Mitte des 18. Jahrhunderts veranlaßte ihr Sohn Fernando Gayoso Arias den Bau einer Kapelle und die Anlage einer »huerta«, eines Obst- und Gemüsegartens, der ungefähr sechs Hektar umfaßte und von sehr hohen, zinnengekrönten Granitmauern umschlossen war. Es wurden Eichen- und Kastanienwälder angepflanzt, die für die galicische Holzwirtschaft sehr wichtig waren. Das übrige Land wurde zum Getreideanbau genutzt.

Die in Granit gemauerten Bauten von Oca – der Palast mit seinem Turm und die benachbarte Barockkapelle – begrenzen auf zwei Seiten den Platz, auf den der alte Königsweg mündet, der um die Gartenmauer herumführt. Ein Zypressenhain neben der Kapelle und ein großes rundes Taubenhaus hinter der langen Reihe niedriger Dienstbotenhäuser gegenüber dem Palast sind ein Beweis für die Richtigkeit des spanischen Sprichworts: »Capilla, palomar y ciprés, pazo es« – »Kapelle, Taubenhaus und Zypresse, das macht einen Pazo aus«.

Durchquert man den Haupteingang des Palasts, kommt man zunächst in einen alten Dienstbotenhof, in dem früher die Bauern ihr Feuerholz und zur Erntezeit ihre Pacht in Naturalien ablieferten. Ein Brunnen, der damals als Viehtränke diente, ist nun Schmuckstück eines sehr schönen Gartens, der in der zweiten Hälfte des 19. Jahrhunderts angelegt und im 20. Jahrhundert neu gestaltet wurde. Dieser Gartenraum ist fast ausschließlich mit dichtgewachsenen Buchsbaumhecken bepflanzt. Sie sind zum Teil kugelförmig beschnitten. Die runden Formen korrespondieren mit den abgerundeten Konturen des Brunnens.

In diesem Dienstbotenhof kann der aufmerksame Besucher auf der Wand unterhalb des Dachvorsprungs eine in Stein gehauene Hand mit ausgestrecktem Zeigefinger entdecken und dazu das Wort »prosiga« – hier soll fortgefahren werden – sowie die Jahreszahl 1746. Dieses Detail belegt, daß das Bauvorhaben Anfang des 18. Jahrhunderts zwar sehr ehrgeizig begonnen, doch nie vollendet wurde. Aber selbst ohne die geplanten Erweiterungen ist Oca beeindruckend. Außerdem ist das Anwesen glücklicherweise in den letzten Jahren mit großer Leidenschaft und viel Sachverstand gepflegt worden. Der Besucher, der den Torbogen in der Südmauer des Patio durchschreitet, betritt einen einzigartig schönen Gartenraum.

Die sehr klug durchgeführten Sanierungsmaßnahmen, die der jetzige Eigentümer des Anwesens, der Herzog von Segorbe, realisierte – seine Mutter, die Herzogin von Medinacelli, erbte den Besitz im Jahre 1947 -, basieren auf Dokumenten aus dem Archiv des Hauses Medinaceli, das in der Casa de Pilatos in Sevilla aufbewahrt wird und das als eine der reichsten Dokumentensammlungen zur spanischen Palastarchitektur gilt.

Um den Garten von Oca voll und ganz zu würdigen, muß man zuerst mit einem Paradox zurechtkommen. Aufgrund des regenreichen Klimas in Galicien besteht im Normalfall bei den Gärtnern und Bauern kein Bedarf nach künstlicher Bewässerung. Doch das Landgut Oca wird immer mit Wasser in Verbindung gebracht, das hier mit

Palacio de Oca. Der Damm zwischen den beiden Teichen mit einem als Schlange gestalteten Wasserspeier.

Palacio de Oca. Am Ende der Linden-allee sind steinerne Bänke aufgestellt.

großer Ehrfurcht behandelt wird. Im 18. Jahrhundert wurden im Garten des Palacio de Oca Kanäle und Teiche angelegt. Sie dienten sowohl praktischen als auch ästhetischen Zwecken. Ein Fluß namens Oca ó Mauro tritt auf der Ostseite, im hochgelegenen Bereich der Anlage, in das mauerumschlossene Gartengelände ein und wird in einem steinernen Kanal in Richtung Palast weitergeführt. (Ein zweiter Wasserlauf versorgt über einen gemauerten Kanal die Felder mit Wasser.) Das Wasser sammelt sich in einem großen steinernen Bassin, das von einer auf allen vier Seiten offenen Konstruktion überdacht wird. Dieses Bauwerk wird »lavadero« – Waschplatz – genannt. Hier wurde das Garn gewaschen und getrocknet, bevor es zu Tuch verwoben wurde. Von hier fließt das Wasser in das erste von zwei schmalen, jeweils fünfzig Meter langen »estanques« – Becken -, die durch einen Niveausprung voneinander getrennt sind. Diese Teiche sind im Winkel zur Südfassade des Palastes angelegt und nehmen fast die gesamte Breite des mauerumschlossenen Raums ein. Die Teiche, die ihre heutige Gestalt im frühen 18. Jahrhundert bekommen haben, geben einem ansonsten sehr konventionellen gartengestalterischen Motiv eine überraschende Wende: Die Lindenallee, die an der »Puerta del Bosque« – dem Waldtor in der Südmauer – ihren Anfang nimmt und die Hauptachse des Gartens bildet, ist auf den Torbogen ausgerichtet, der sich zum Patio des Palastes öffnet; aber anstatt tatsächlich zum Palast zu führen, endet die Allee bei den Teichen.

Der Damm zwischen den beiden Teichen erfüllte einen doppelten Zweck. Einerseits stand er im Zusammenhang mit dem Antriebssystem einer Wassermühle, die im späten 18. Jahrhundert an das andere Ende des ersten Teichs verlegt wurde, wo sie immer noch steht. Andererseits diente der Damm als Fußsteg, über den man von der einen Seite des Wassers auf die andere gelangen kann. Bänke, die auf diesem Übergang aufgestellt sind, laden den Besucher ein, unter einer erst kürzlich restaurierten Weinpergola zu verweilen. Das Wasser des oberen Teichs ergießt sich durch einen steinernen Schlangenkopf in eine kreisrunde Steinschale, die auf einem Podest steht. Von hier fließt es in den unteren Teich – ein wunderschönes und ausgefallenes Ensemble. Aus alten Dokumenten des Landguts geht hervor, daß am 12. Oktober 1717 der Bildhauer Esteban Ferreiro aus Santiago de Compostela damit beauftragt wurde, bis zum Jahr 1720 die Arbeiten an der Skulptur des steinernen Riesen, der den Schlangenkopf trägt, zu vollenden. Diese Darstellung spielt auf das Wappen der Familie Neira an.

Möglicherweise war Ferreira auch der Schöpfer des berühmten steinernen Kahns mit seinen zwei Figuren, der ganz ruhig auf dem unteren Teich zu schwimmen scheint. Auf dieser steinernen Boot-Insel, dem sonnigsten Platz des gesamten Gartens, wuchsen früher in Spalier gezogene Orangenbäumchen – eine sehr eigenwillige Idee! Die Tatsache, daß die beiden Kahnfahrer als Angler dargestellt wurden, läßt vermuten, daß in diesen stillen, reflektierenden Teichen Fische gezüchtet wurden, wahrscheinlich Forellen.

Die »huerta«, der Obst- und Gemüsegarten, gibt reiche Ernte. Der mittelalterlichen Klostertradition folgend, waren die Beete des Küchengartens mit Kräutern und Heilpflanzen eingefaßt. Der Garten lieferte der Küche des Palasts Rübchen, Buschbohnen, Stangenbohnen, Brokkoli, Artischocken, Kardi, Kohl, Endivien, Paprikaschoten, Kartoffeln, Spargel und Erdbeeren. Die Obstbäume waren meist als Spalier gezogen; es gab Birnen, Aprikosen, Kirschen, Pflaumen, Passionsfrüchte und Orangen. Vor allem letztere wurden im 18. Jahrhundert in großen Mengen nach England exportiert. Die empfindlichen Citrusgewächse wurden im Winter mit Maisstrohmatten vor Kälte geschützt.

Die Revolution der Gartenkunst, die im 18. Jahrhundert von England ausging, kam mit einem Jahrhundert Verspätung auch nach Oca. In ihrem Zuge wurde die geometrische Gestaltung der »huerta« aufgelöst und durch eine gewundene Linienführung ersetzt. Große exotische Bäume wurden gepflanzt, die zwar Schatten spendeten, aber die Obstbäume und Gemüsepflanzen beeinträchtigten. Hinzu kamen Eukalyptusbäume, Sicheltannen und Tulpenbäume, die mit einheimischen Pflanzen wie Eiben und Erdbeerbäumen kombiniert wurden. Heute, mit fortschreitender Restaurierung der Gartenanlage, ersteht der Obst- und Gemüsegarten wieder in seinem alten Glanz.

SEITE 83
oben: Palacio de Oca. Der Meister des steinernen Boots.
unten: Palacio de Oca. Prismen und Kugeln schmücken die Mauer des unteren Teichs.

La Saleta. Die Kapelle mit dem Zylinderputzerstrauch im Vordergrund.

La Saleta. Der Patio des alten »pazo«.

LA SALETA

Ort: San Vincente de Meis
Eigentümerin: Margaret Gimson

Das Klima der Rías Bajas an der Westküste von Galicien bietet Gärtnern ideale Bedingungen. Im Winter gibt es bei einer Durchschnittstemperatur von 14 °C kaum Frost, im Sommer steigt die Temperatur nur selten über 26 °C. Die jährliche Niederschlagsmenge beträgt bis zu 3000 Millimeter. Welcher Gärtner würde nicht von solchen Rahmenbedingungen träumen?

Robert Gimson aus dem englischen Leicester verwirklichte in Galicien seinen Gartentraum. Nachdem er zusammen mit seiner Frau Margaret und seinen Kindern mehrere Male in dieser Provinz Ferien gemacht hatte, traf er die Entscheidung, sich hier niederzulassen. Er kaufte 1968 La Saleta, einen etwa zwei Hektar großen Besitz, auf dem ein altes, aus Granit gemauertes Hofhaus stand. Auf dem sanft nach Osten abfallenden Hügel befanden sich außerdem eine Kapelle und ein Eukalyptuswäldchen. Der Besitz war zu diesem Zeitpunkt seit vier Jahren verlassen.

Im Jahre 1870 hatte ein Severo Pérez Cardecid die Kapelle erbaut. Sie wurde wegen ihrer Schutzpatronin, der Jungfrau von La Saleta, bald zu einem beliebten Wallfahrtsort. Der Name leitet sich von La Salette, einem Bergdorf in der Nähe von Grenoble, ab, wo die Jungfrau Maria zwei Dorfkindern erschienen sein soll. Der Name La Saleta paßt sehr gut zu diesem wohl kleinsten »pazo« – Herrenhaus – in Galicien, bedeutet doch das spanische »saleta« oder »salita« nichts anderes als »kleiner Raum«. Aus einer Landvermessung, die der Marquis von La Ensenada im Jahre 1752 durchführen ließ, geht hervor, daß damals an dieser Stelle ein Bauernhof mit etwa vier Hektar Land und einem Eichenwald stand sowie ein Weiler mit zwölf Häusern, der Sobreira hieß. Der Name verweist auf die Anpflanzung von Kork-Eichen. So ist es nicht verwunderlich, daß sich noch heute einige dieser Bäume im Garten finden lassen.

Nachdem der neue Besitzer den Entschluß gefaßt hatte, in der Nähe des alten Hauses und der Kapelle an der Flanke des Hügels ein zeitgemäßes, neues Wohnhaus zu bauen, standen die Grundzüge der Gartengestaltung bald fest. Der Hang unterhalb des Hauses wurde mit befestigten Freiflächen terrassiert und mit Treppenanlagen erschlossen. Dieser Bereich, der leider nie richtig fertiggestellt worden ist, wird »Robert's folly« genannt. In seiner Mitte befindet sich ein rechteckiges Becken mit Wasserpflanzen, in dem sich Frösche tummeln. Auf den Freiflächen fanden vor allem exotische Pflanzen ihren Platz, deren Entwicklung Robert Gimson aufmerksam beobachtete.

Viele dieser Pflanzen sind auch in dem Wäldchen zu sehen, das den östlichen Abschluß des Anwesens bildet. Hier pflanzte er zusätzlich Kiefern, um den empfindlicheren Pflanzen seines Gartens Schutz zu bieten. Außerdem führte er verschiedene Rhododendronsorten ein, von denen der Yunnan Rhododendron aus China der bemerkenswerteste ist.

Robert Gimson bemühte sich vor allem um Pflanzen aus Australien und Südafrika, obwohl gerade diese sich auf dem offenen sandigen Hang nicht so gut anpaßten wie die Pflanzen, die er aus Neuseeland und von anderen Pazifikinseln importierte. Zu den von ihm mit besonderer Aufmerksamkeit gepflegten Spezies gehörten die australische Känguruhblume (Anigozanthos flavidus) mit ihren immergrünen Blättern, Zylinderputzer (Callistemon linearis und C. citrinus), schnellwachsende Kasuarinen (Casuarina verticillata, C. stricta, C. torulosa und C. tunuissima), verschiedene Banksienarten (Banksia collina und B. grandis), Proteen und australische Akazien (Acacia cultriformis und A. longifolia). Zu den besonders schönen Akazienarten gehören die in allen vier Jahreszeiten blühende Acacia retinodes »Floribunda« und die Goldstaub-Akazie (A. acinacea), die im August blüht.

Es gibt in diesem Garten zahlreiche Pflanzen aus Nord- und Südamerika, zum Beispiel die Prachtkerze (Gaura lindheimeri), ein Strauch, der im Süden Amerikas und im Norden Mexikos beheimatet ist. Seine weißen Blüten scheinen wie ein Feuerwerk zu explodieren. Hier wächst auch eine aus dem amerikanischen Bundesstaat Georgia stammende Franklinia (Franklinia alatamaha) mit ihren außerordentlich schönen, kamelienähnlichen weißen Blüten. Dann gibt es die kletternde chilenische Glokkenlilie (Lapageria rosea), die ihren Namen den strahlend rosaroten, glockenförmigen Blüten verdankt, und schließlich die Kapuzinerkresse aus Brasilien und Peru (Tropaeolum majus), die im Spanischen »capuchina« heißt.

Unter den Kiefern steht ein wahrer Wald von Kamelien. Die drei Kamelienpflanzen, die kurz nach Erwerb des Landguts gepflanzt wurden, sind mittlerweile vier Meter hoch. Robert Gimson hat, seinen Notizen zufolge, auch die Arten Camellia pitardii, C. miyagii, C. oleifera, C. kissi, C. irrawadiensis und C. hongkongensis sowie den Teestrauch (C. sinensis) gepflanzt.

Robert Gimson war ein sehr engagierter Gärtner. Bis zu seinem Tod im Jahre 1987 widmete er sich der selbstgestellten Aufgabe, eine Sammlung von seltenen Pflanzen zusammenzustellen, die bis dahin in Spanien noch nicht gezüchtet worden waren. Es gibt zwar größere Gärten in Spanien mit noch mehr Pflanzenarten – man denke nur an den Botanischen Garten von Marimurtra –, aber keiner der anderen Gärten ist das Werk einer einzigen Person, die alleine arbeitete und nur über ein bescheidenes Budget verfügte.

Besonders interessant und informativ sind die sechzehn Verzeichnisse, die Margaret und Robert Gimson zu ihrem Garten anlegten. Auf vielen tausend Karteikarten sind hier genaue Daten festgehalten: die Herkunft der Pflanzen, die Art des Versetzens, die Pflege, die Standortbedingungen, die Anzahl, der Samenansatz und, wenn die Pflanze nicht überlebte, das endgültige Ausbleiben der Pflanze. Diese Aufzeichnungen bestehen seit Anbeginn des Gartens und sind bis heute zusammen mit den Plänen, auf denen der genaue Standort jeder Pflanze angegeben ist, vollständig erhalten. Auf dieser Basis arbeitet die Besitzerin mutig und unerschrocken weiter. Sie wird dabei von zwei Gärtnern unterstützt, von denen einer ganztägig, der andere nur halbtags arbeitet. La Saleta ist für Galicien ein wahrer Schatz, und es wäre ein großer Verlust, wenn diese Gartenanlage verlorenginge, in der eine Fülle von Pflanzen aus aller Welt zu bewundern ist.

oben: La Saleta. Der Waldgarten.
unten: La Saleta. »Robert's folly«.

MONASTERIO DE SAN LORENZO DE TRASOUTO

Ort: Santiago de Compostela
Eigentümer: Herzog und Herzogin von Medina de Las Torres y de Soma

An der Stelle, an der sich heute das Kloster San Lorenzo de Trasouto befindet, wurde im Jahre 1216 von Martín Arias eine Einsiedelei gegründet, von der noch heute Überreste zu sehen sind. Martín Arias stammte aus Santiago de Compostela und war Bischof von Zamora. Im 15. Jahrhundert ging das Kloster in den Besitz der Grafen von Altamira über, die es den Franziskanern übertrugen. Die Grafen behielten jedoch das Recht, die Äbte des Klosters zu ernennen, und es standen ihnen immer Räumlichkeiten zur Verfügung, in die sie sich zurückziehen konnten. Dieser Brauch war vom Königshof eingeführt worden und wurde von den spanischen Granden gerne übernommen. Das »Cuarto de los Condes«, das »Grafenzimmer«, wurde sogar von Kaiser Karl V. benutzt, der sich zur Fastenzeit im Jahre 1520 hierhin zurückgezogen hatte. Das Kloster ging während der Säkularisation im 19. Jahrhundert in staatlichen Besitz über. Erst nach einem Rechtsstreit, den die Herzogin von Medina de Las Torres, die Urgroßmutter der heutigen Eigentümer, angestrengt hatte, gelangte das Kloster wieder in den Besitz der Familie Altamira.

Der Kreuzgang des Klosters ist mit seinen vierhundert Jahre alten, kunstvoll beschnittenen Buchsbaumhecken ein wahres Wunderwerk. Der große rechteckige Hof, der mit seinen Ecken nach den vier Himmelsrichtungen orientiert ist, wird von zweigeschossigen Gebäudeflügeln gerahmt. Die Arkadengänge der oberen Galerie sind verglast, so daß hier ein angenehm großzügiger und lichter Korridor entstanden ist. Der untere Bogengang ist offen. Hierhin kann man sich an heißen Tagen zurückziehen und die Kühle genießen. Wein berankt die schlanken Säulen und Bögen mit dichtem Grün.

Wie im Patio de los Evangelistas im Escorial wird der Raum durch zwei breite, sich in der Mitte kreuzende Wege in vier quadratische Felder unterteilt. Die einzelnen Felder werden wiederum durch Wegekreuze gegliedert. Die so entstandenen Rechtecke von jeweils etwa einhundert Quadratmetern sind ganz und gar mit Buchsbaumbüschen bestanden. Zwei Felder auf der Südostseite sind frei von Bewuchs. Dort befindet sich ein Wasserbecken mit einem Springbrunnen, der von einer steinernen Statue der Jungfrau Maria aus dem 15. Jahrhundert gekrönt wird. Obwohl die anderthalb Meter hohen Hecken regelmäßig geschnitten werden, sind sie so üppig geworden, daß sich der Gärtner, der sie zweimal im Jahr schneiden muß, kaum zwischen die Mauern aus glänzendem Grün zwängen kann. Man kann unter den religiösen Symbolen, die durch den Formschnitt zum Ausdruck gebracht werden, die Pilgermuschel des heiligen Jakob erkennen, Alpha und Omega, die Initialen JHS und die Kreuze des heiligen Dominikus und des Calatrava-Ordens.

Kloster San Lorenzo de Trasouto. Garten des Kreuzgangs.

PAZO DE ORTIGUEIRA

Provinz Coruña
Eigentümer: Marquis und Marquise de Santa Cruz de Rivadulla

Gegen Ende des Mittelalters besannen sich die Adeligen in Galicien wieder der landwirtschaftlichen Tradition aus der Römerzeit. Sie machten sich den fruchtbaren Boden und das angenehme Klima ebenso zu Nutzen wie die Arbeitskraft ihrer Untertanen, die sich mit dem Land überaus verbunden fühlten. Nahe der Stadt Vedra erhob sich mit Blick über den Río Ulla ein mittelalterlicher Festungsturm, der Torre de Ortigueira, der im späten 15. Jahrhundert unter dem Namen La Granja de Ortigueira bekannt war. Der Name bezieht sich auf die überall in Nordspanien wachsende Brennessel. Die »casa fuerte«, das befestigte Haus, wurde im Jahre 1520 von der Familie Mondragón erworben.

Das Landgut mit seinen dreißig Hektar ist von einer fünfeinhalb Kilometer langen Mauer umgeben. Von hier hat man einen weiten Blick über das reiche, fruchtbare Tal des Río Ulla und den Pico Sacro, den Heiligen Berg, der die Landschaft beherrscht. Aus alten Urkunden, die bis ins Jahr 1425 zurückgehen, weiß man, daß hier früher Flachs, Zuckerrohr und Weizen angebaut wurden. Im 17. und 18. Jahrhundert erhielt die Landwirtschaft in Galicien neue Impulse durch zwei Nutzpflanzen, die aus Amerika eingeführt wurden: den Mais und die Kartoffel. Auf dem Pazo de Ortigueira gibt es noch eine außergewöhnliche Olivenbaumallee aus dem 17. Jahrhundert, wahrscheinlich eine der nördlichsten Alleen dieser Art überhaupt, die daran

erinnert, daß hier in der Antike sehr viele Ölbäume wuchsen, insbesondere in der Region östlich des Río Miño. Heute jedoch, gegen Ende des 20. Jahrhunderts, wird das Land für den Obst- und Weinbau sowie für die Milchwirtschaft genutzt.

Der eigentliche Gartenbereich des Landguts Pazo de Ortigueira umfaßt zwei Hektar. Im oberen Teil ist er als regelmäßige Anlage gestaltet und terrassiert, die Regelmäßigkeit wurde jedoch nicht konsequent durchgehalten. Die Gartenwege sind, wie so oft in Spanien, mit Weinpergolen überdacht. Der terrassierte Teil des Gartens erinnert an den traditionellen Typ des »huerto«, des Obstbaumgartens, der sich hier bis ins 19. Jahrhundert tatsächlich befand und von dem noch einige Apfelbäume erhalten sind. Weiter vom Wohnhaus entfernt, an einem steilen Abhang, ist der »reservado« angelegt. In der spanischen Gartentradition ist dies ein Bereich, der von der höfischen Gartenkunst inspiriert ist; es ist ein Waldgarten, der zumeist eingezäunt ist und in dem einheimische und fremdländischen Pflanzen zusammen stehen. Hier findet man eine Kaskade, die wie ein natürlicher Wasserlauf wirkt, aber künstlich angelegt ist und aus dem 15. Jahrhundert datiert. Damals wurde der Fluß, bevor er in den Río Ulla mündete, an mehreren Stellen zu Teichen für die Fischzucht gestaut. Auch dies ist, wie der »huerto«, eine jahrhundertealte Tradition der spanischen Klöster und königlichen Residenzen. Das Wasser tritt über die niedrigen Mauern und

Pazo de Ortigueira. Die Ölbaumallee.

ergießt sich in mehreren Stufen in einen steingefaßten Bewässerungskanal. In der Nähe dieser Wasserkaskaden wachsen für Galicien typische Bäume wie Eiche, Walnuß, Edelkastanie, Buche, Ulme, Buchsbaum, Weiß-Birke und die eingebürgerten Kamelien.

Auf der obersten Terrassenebene, oberhalb der Kaskade, ist ein großer, mit Granitsteinen eingefaßter Teich angelegt, der im 16. Jahrhundert die Wasserkraft zum Antrieb von drei Mühlen lieferte. Diese Mühlen wurden zuletzt im Jahre 1767 instand gesetzt, sind aber heute nicht mehr in Betrieb. Kleine Bänke aus Granit laden dazu ein, die reizvollen Spiegelungen von zwei herrlichen Tulpenbäumen auf dem Wasser zu betrachten. Diese Bäume, die im Jahre 1850 gepflanzt wurden, sind heute wohl die größten Exemplare ihrer Art in Europa. In der Nähe dieses Teichs befinden sich zwei faszinierende Hinzufügungen aus dem 17. und 18. Jahrhundert. Dies ist zum einen die sogenannte »Carrera de Bojes« – ein Buchsbaumtunnel, dessen vier Meter hohe Büsche sich mit ihren Ästen und Zweigen verflechten und so den Weg zum Teich in ein dumpfgrünes Licht tauchen; zum anderen ist es eine steinerne Sonnenuhr in Gestalt einer Kugel. Sie ist ein typisches Werk aus der Zeit der Aufklärung. Ursprünglich war sie mit einer kleinen Kanone verbunden. Zur festgesetzten Stunde fiel das Sonnenlicht durch ein Vergrößerungsglas, brach sich dort, setzte eine Zündschnur in Brand, und der Böllerschuß wurde gezündet, so daß jedermann auf dem Landgut Anfang und Ende der Mittagspause genau vernehmen konnte.

Pazo de Ortigueira. Die barocke Brunnenanlage.

Im Jahre 1875 beschrieb ein Autor den Pazo de Ortigueira als einen »océano de maravillas« – ein Meer der Wunder – mit seinen Orangen- und Zitronenhainen sowie seinen zahlreichen exotischen Pflanzen. Der Ruf von Ortigueira als Garten, in dem seltene Pflanzen gedeihen, wurde im späten 18. Jahrhundert durch Juan Ignacio Armada y Mondragón, den dritten Marquis von Santa Cruz de Rivadulla, begründet. Er war ein begeisterter Botaniker und brachte von seinen Reisen durch die Neue Welt viele Pflanzen mit, von denen einige heute zum Ruhm des Gartens beitragen. Aus Nordamerika kamen Mammutbäume, von denen allerdings keiner mehr erhalten ist, und eine Doppelallee aus Immergrünen Magnolien. Zwei der vierzehn uralten Bäume sind besonders erwähnenswert: Einer dient als Stütze für eine stachelige Ölweide, die wegen ihrer Größe ein in Europa wohl einzigartiges Exemplar ist. Der andere Magnolienbaum hat einen Umfang von viereinhalb Metern und ist damit das größte überhaupt bekannte Exemplar. Wahrscheinlich wurden damals, am Ende des 18. Jahrhunderts, auch die ersten Kamelien eingeführt, die den Grundstock für die heute unübertroffene Sammlung bildeten, sowie der herrliche, in Galicien einmalige Kermesbeerbaum, der in seiner Heimat Argentinien unter dem Namen »ombú« bekannt ist.

Iván Armada y Fernández de Córdoba, von 1880 bis 1899 Besitzer des Pazo de Ortigueira, war der nächste, der sich mit großem Ehrgeiz der Gartengestaltung von Ortigueira widmete. Er arbeitete mit einem französischen Gärtner zusammen, dessen Name nicht überliefert ist. Ein Gartenbereich in der Nähe des Hauses, der im 19. Jahrhundert gestaltet wurde, trägt seine Handschrift. Dort stehen zwei dreißig Meter hohe Washingtonia-Palmen am Rand eines runden Wasserbeckens, das von Gunnera (Seebeerengewächsen) umgeben ist, die dort seit 1888 wachsen. Er führte auch die Kopfeibe (Cephalotaxus harringtonia) ein, den Tasmanischen Baumfarn (Dicksonia antarctica), die Lagerstroemia indica und die Gardenie (Gardenia jasminoides). In der Nähe des Teichs errichtete er ein Gewächshaus, dessen Innenraum in Treppenform angelegt ist, damit das Sonnenlicht die dort stehenden Pflanzen gleichmäßig erreichen kann. Der bedeutendste Beitrag von Iván Armada y Fernández de Córdoba zur Gartengestaltung war seine Begeisterung für die Kamelie, von der er wohl an die dreihundert verschiedene Arten in seinem Garten versammelte. Der heutige Besitzer, Marquis Alfonso Armada y Comyn, und sein Sohn Juan Armada y Diez de Rivera, ein ausgebildeter Landwirtschaftsingenieur, kümmern sich um die zweihundert Kamelienarten, die noch vorhanden sind und für viele Gartenbesucher die wohl größte Anziehungskraft von Ortigueira darstellen. Kamelien, die von Oktober bis Mai blühen, sind ein Geschenk des Himmels für Galicien. Der würdige graue Stein der galicischen Architektur und das schimmernde Dunkelgrün der heimischen Vegetation bilden den idealen Hintergrund für die klaren, zarten und oft spektakulären Blüten.

Pazo de Ortigueira. Gartenhof mit einer Bepflanzung aus Pampasgras.

Pazo de Ortigueira. Der Teich mit den Tulpenbäumen.

*Pazo de Ortigueira.
Washingtonia-Palmen neben dem
runden Wasserbecken.*

Pazo de Ortigueira. Das Gewächshaus.

SEITE 95
Pazo de Ortigueira. Der Waldgarten.

Katalonien

MONASTERIO DE POBLET

Ort: Vimbodí
Eigentümer: Zisterzienserorden

Monasterio de Poblet. Blick aus dem Kreuzgang.

Im Jahre 1149 gründete der König von Aragonien und Graf von Barcelona Ramón Berenguer IV. (1137-1162) in der Nähe des Flusses Francolí, etwa achtzig Kilometer westlich von Barcelona, ein Zisterzienserkloster. Der Ort trug wegen der vielen Silber-Pappeln, die in dieser Gegend wuchsen, den Namen Populetum; das Kloster erhielt den Namen Poblet. Mit der Klostergründung kamen Mönche aus Fontfroide, einem Ort in der Nähe von Narbonne, nach Vimbodí. Die Klosteranlage ist der Regel des Zisterzienserordens entsprechend angelegt, die jegliches architektonisches Schmuckwerk als überflüssig ablehnt. Die schmucklose Architektur orientiert sich an den Stilvorstellungen der Romanik, atmet aber in ihrer vollkommenen Schlichtheit eine eigene Größe. Aus dieser Zeit stammen die Kirche und einer der Umgänge des Kreuzgangs; unter König Jaime I. (1213-1276) wurde der Kreuzgang im gotischen Stil vollendet.

Poblet ist eines der herausragenden und für Spanien typischen Beispiele einer mittelalterlichen Königsresidenz, die einem Kloster angeschlossen ist, das unter dem Schutz des Monarchen steht. Wie eine mittelalterliche Stadt ist das Kloster von Festungsanlagen umgeben, um die Sicherheit des Königs zu gewährleisten. Zu den königlichen Residenzen in Spanien vor dem Bau des Escorial zählen neben Kloster Poblet Santa María la Real (1032) im Königreich Navarra, Las Huelgas Reales (1180) in Kastilien und San Juan de la Peña (vor 858), das von den Königen von Aragonien bis zur Regierungszeit Ramón Berenguers IV. benutzt wurde, der im Jahre 1158 auch Santas Creus, ebenfalls als Kloster und königliche Residenz, gründete.

Der Hof des Kreuzgangs bildete das Zentrum jeder spanischen Klosteranlage. Dabei diente er ganz unterschiedlichen Zwecken, oft war er Begräbnisstätte, häufig aber auch »huerto« – Obst- und Gemüsegarten. Angesichts der Größe von Poblet mit seinen ausgedehnten Anbauflächen für Feldfrüchte außerhalb der Klostermauern, bot sich dieser Bereich besonders als Kräuter- und Arzneipflanzengarten an. Während der Regierungszeit Ramón Berenguers IV. wurden am Hof von Aragonien umfangreiche botanische Kenntnisse zusammengetragen; arabische und jüdische Schriften wurden ins Katalanische übersetzt und auf diese Weise allgemein zugänglich gemacht. Wie in fast allen mittelalterlichen Klöstern gab es auch in Poblet einen überdachten Gang, der den Kreuzgang mit dem Kapitelhaus, dem Refektorium und den Küchenräumen verband. Die Bibliothek, das frühere Skriptorium, befand sich ebenfalls in unmittelbarer Nähe zum Kreuzgang. An das Refektorium angrenzend, ragt ein aus dem 12. Jahrhundert stammender sechseckiger Pavillon in den Klostergarten hinein. Er ist von einer Kuppel überwölbt, die von romanischen Bögen und Säulen getragen wird. Hier befindet sich ein Brunnen für Waschungen der Mönche vor den Mahlzeiten.

Nach der Säkularisierung im Jahre 1835 wurde das Kloster Poblet durch Plünderungen erheblich in Mitleidenschaft gezogen. Erst 1940 wurde das Gebäude wieder restauriert und dem Zisterzienserorden zurückgegeben. Es wäre wünschenswert, wenn die Bepflanzung des Klostergartens unter Berücksichtigung historischer Quellen in gartendenkmalpflegerischem Sinne rekonstruiert würde. Die Klosteranlage von Poblet gehört seit 1921 zu den denkmalgeschützten Anlagen in Spanien.

Monasterio de Poblet. Brunnenhaus.

WOHNHAUS CAMBÓ

Ort: Barcelona
Eigentümer: Ramón Guardans und Elena Cambó

Die stimmungsvolle Altstadt von Barcelona, das Gotische Viertel, ist ein Labyrinth schmaler mittelalterlicher Gassen in der Nähe des Hafens. Erst im späten 19. Jahrhundert wurde die Altstadt durch die neu angelegte Trasse der modernen Vía Laietana auf brutale Weise zerschnitten. 1926 zog der katalanische Finanzier, Politiker und Kunstsammler Francisco Cambó in die zwei obersten Stockwerke eines zehngeschossigen Bürogebäudes im Art-Déco-Stil, das er sich an der neuen Prachtstraße hatte bauen lassen. Cambó war damals mit der Vorbereitung der Weltausstellung in Barcelona, die 1929 stattfand, befaßt, zu deren Generaldirektor er ernannt worden war. Mit der Planung seiner Maisonettewohnung hatte er den jungen Architekten Adolfo Florensia beauftragt, der Cambós architektonische Wunschvorstellungen gut kannte und umzusetzen verstand.

Wenn ein Mann wie Cambó, dessen Bilder heutzutage wichtige Bestandteile der Kunstsammlungen von Barcelona und Madrid sind, sich ein Haus baut, um dort seine Kunstschätze zu genießen, bekommt er auch das, was er möchte: ein privates Wohnhaus im dichten Gedränge der Stadt hoch über den mittelalterlichen Türmen und mit Ausblicken über großzügige Gartenanlagen bis zum Meer.

Der französische Garten- und Landschaftsarchitekt Jean-Claude-Nicholas Forestier, mit dem Cambó eng zusammenarbeitete, hatte im Zusammenhang mit der Weltausstellung den Auftrag für die Neugestaltung des Montjuich-Parks erhalten. Cambó erbat bei Forestier einen Entwurf für den Dachgarten seines neuen Hauses; Forestiers Beitrag ging jedoch nicht über einige Skizzen hinaus.

Am Ende der Planungen entstand ein Garten, der auf zwei Ebenen angelegt ist, mit Maulbeerbäumen, Weiden, Palmen, Zypressen und Zypressenhecken. Die Mauern sind mit Efeu und Bougainvillea bewachsen, die mit feinem Kies bedeckten Wege zu allen Jahreszeiten von blühenden Pflanzen gerahmt. Es gibt mit Terrakottaplatten gepflasterte Patios, Rasenflächen, Springbrunnen, einen Pavillon und zwei Wasserbecken.

Der Eingang zur Wohnung der Familie Guardans befindet sich im neunten Stockwerk. Hier verläuft der Garten L-förmig auf zwei Seiten des Gebäudes. Die Nordseite ist der Lieblingsplatz von Elena Cambó, der Tochter Francisco Cambós, und Ramón Guardans. Hier, im Schatten einiger Orangenbäume und eines weißen Maulbeerbaums, befinden sich ein Wasserbecken und daneben ein Tisch mit Stühlen. Im Sommer kann man in diesem einzigartigen Privatgarten mitten im Zentrum von Barcelona die Meeresbrise genießen. Auf der Ostseite hat man nicht nur den Ausblick aufs Meer, sondern auch auf den Turm der wunderschönen gotischen Kirche Santa María del Mar. Francisco Cambó war sich bewußt, daß das Nachbargebäude den visuellen Gesamteindruck stören würde, und beauftragte deshalb den Maler Sunyent, die große Mauerfläche mit einem Wandgemälde zu gestalten, auf dem in Sepia und Weißtönen Segelschiffe dargestellt sind – eine Hommage an die große maritime Vergangenheit Barcelonas.

Eine schmale Treppe, deren Aufgang fast völlig hinter Efeu versteckt ist, führt auf die obere Gartenebene. Hier spielen die Kinder der Familie; hier finden, neben dem kleinen Pavillon aus Carraramarmor, den Cambó von einer Reise nach Italien mitbrachte, die Feste der Familie statt. Im Sommer ist der Pavillon dicht mit Wildem Wein bewachsen. Daneben erstreckt sich eine makellose Rasenfläche, in die ein ovales Wasserbecken eingelassen ist. Die Rasenfläche ist durch eine niedrige, mit Terrakottafliesen verkleidete Mauer eingefaßt und wird von einer Schwanenskulptur akzentuiert. Der Boden des Wasserbeckens ist aus Glasbausteinen, so daß in das darunter gelegene Musikzimmer Tageslicht einfallen kann.

Den Unterbau des Gartens bilden Schächte aus Stahlbeton. Alle Elemente sind an ein zentrales Abflußrohr angeschlossen. Die unterste Schicht besteht aus über Kreuz liegenden Dachziegeln, darauf liegen eine Schicht von grobem Kies und Splitt und dann eine neunzig Zentimeter dicke Aufschüttung mit Mutterboden. So konnten hier viele Pflanzen Wurzeln schlagen, von denen einige inzwischen zum Teil höher als fünf Meter gewachsen sind.

Francisco Cambó lebte in diesem Haus von 1926 bis 1937. Seine Vorhersage, daß sein Haus später einmal vor allem wegen seines schönen Gartens berühmt werden würde, hat sich inzwischen mehr als bestätigt.

Wohnhaus Cambó. Die untere Ebene mit Blick auf den Montjuich in der Ferne.

Wohnhaus Cambó. Die untere Ebene.

Wohnhaus Cambó. Die untere Ebene mit den Wandmalereien von Sunyent im Hintergrund.

SEITE 103
oben: Wohnhaus Cambó. Der Pavillon auf der oberen Ebene mit Blick auf die Kathedrale im Hintergrund.
unten: Wohnhaus Cambó. Das Wasserbecken auf der oberen Ebene.

HORTUS BOTANICUS MARIMURTRA

Ort: Blanes
Eigentümer: Fundación Carlos Faust

Der Name Marimurtra ist katalanisch – er bezieht sich einerseits auf das Mittelmeer, lateinisch »mare nostrum«, und zum anderen auf die Myrte. Beide Worte sind in dem Namen Marimurtra enthalten. Die Anfänge der Anlage von Marimurtra sind dem Deutschen Carlos Faust (1874-1952) zu verdanken. Im Jahre 1921 begann er in der Nähe der Stadt Blanes nach wissenschaftlichen Gesichtspunkten einen botanischen Garten anzulegen.

Das wilde Küstengrundstück reicht vom Monte San Juan bis zum Meer hinunter. Zwei Drittel der Fläche, die heute nicht der Öffentlichkeit zugänglich sind, widmen sich dem Erhalt einheimischer Pflanzen, die Carlos Faust in der Umgebung und in den Weinbergen vorfand. Dazu gehören typisch mediterrane Pflanzen wie Stein-Eiche, Kiefer, Wacholder, Mastixstrauch, Ginster, Rosmarin, Buchsbaum, Kreuzdorn, Myrte, Sonnenröschen, Heidekraut, Baumheide und die Zwergpalme. In dem verbleibenden Drittel wachsen Pflanzen aus der regionalen Flora und vor allem Kakteen. Dieser Bereich, der den typisch mediterranen Charakter der Macchia verkörpert, ist der Öffentlichkeit zugänglich.

Carlos Faust sammelte exotische Pflanzen aus aller Welt, vor allem aber Kakteen und Sukkulenten, die er in zwei Steingärten zusammenstellte, unterteilt nach ihrer Herkunft aus Südafrika und Südamerika. Dort wachsen der Fackelkaktus (Trichocereus spachianus) aus Argentinien, die »Hundertjährige Aloë« (Agave americana), die Sisalagave (Agave sisalana), der sehr hoch wachsende Greisenhauptkaktus (Cephalocereus senilis) ebenso wie Säulenkakteen und Kugelkakteen – zum Beispiel der Goldkugelkaktus (Echinocactus grusonii), große Kugelkakteen wie Echinocactus ingens und Orgelpfeifenkakteen (Lemaireocereus thurberi). Besonders beeindruckend sind die Blüten der Mittagsblume (Mesembryanthemum). Neben dieser überaus sehenswerten Sammlung von subtropischen Pflanzen gibt es eine nicht minder eindrucksvolle Sammlung von Palmen. Dazu gehören die Gewöhnliche Dattelpalme (Phoenix dactylifera), die Kanarische Dattelpalme (Phoenix canariensis), die Senegaldattelpalme (Phoenix reclinata), die australische Kokospalme (Butia capitata), die Chilenische Honigpalme (Jubaea chilensis), deren gelbe Blüten bogenförmig bis zum Boden reichen; und die Washingtonia-Palme (Washingtonia robusta), deren vertrocknete Blätter hier nicht, wie in anderen Gärten, einfach entfernt, sondern stehengelassen werden, um den Baumstamm vor der großen Sommerhitze zu schützen. Zu der Sammlung von Araucarien gehört die »Zimmertanne« (Araucaria heterophylla), die chilenische Araucarie (Araucaria araucana) und der Bunya-Bunya-Baum (Araucaria bidwillii), die im Jahre 1924 zusammen mit einer Sammlung von Eukalyptusbäumen angepflanzt wurden. In einem Bereich des Gartens werden an verschiedenen Pflanzen die Mendelschen Vererbungsgesetze anschaulich gemacht und Beispiele für die morphologische Konvergenz der Pflanzen vorgeführt. In diesem Gartenteil gibt es auch eine Sammlung von Gift- und Heilpflanzen sowie eine Zusammenstellung von Duftpflanzen. Auf den Steilhängen in unmittelbarer Meeresnähe wächst eine Sammlung von Küstenpflanzen aus allen Kontinenten. An anderer Stelle ist ein alter Steinbruch zu einem Teich für Wasserpflanzen umgestaltet worden. Hier findet man Seerosen, Lotusblumen und Sumpfcalla neben zarten Papyrusstauden.

Die Anlage hat den Charakter eines mediterranen Gartens, in dem rein zufällig die Flora der ganzen Welt zusammengetragen wurde. Die architektonischen Elemente in Marimurtra – Pergolen, Wasserbecken und Treppen – wurden in erster Linie nach den bestehenden praktischen Bedürfnissen gebaut. Eine Ausnahme bildet der Pavillon im klassisch-antiken Stil, der am Ende einer der schönsten Gartentreppen in ganz Spanien errichtet ist. Von dort hat man einen herrlichen Ausblick auf das Meer. Carlos Faust widmete diesen Pavillon dem Vater der Botanik, Carl von Linné.

Auch nach Fausts Tod katalogisiert, kultiviert und studiert die Stiftung weiterhin Pflanzen, die zum Teil vom Aussterben bedroht sind. Zu den Tätigkeiten der Stiftung gehört auch die Publikation eines »Index Seminorum«, einer Samenliste, mit deren Hilfe der Austausch von Samen zwischen botanischen Gärten erleichtert werden soll. Normalerweise fahren Besucher, die an die Costa Brava kommen und den Botanischen Garden von Cap Roig in der Nähe von Callela besichtigen wollen, an Blanes vorbei. Aber ein Besuch des Botanischen Gartens von Marimurtra sollte unbedingt eingeplant werden.

Hortus Botanicus Marimurtra.

Hortus Botanicus Marimurtra. Der mit Wasserpflanzen geschmückte Teich.

SEITE 107
oben: Hortus Botanicus Marimurtra. Der Kakteengarten mit der Zypressenallee im Hintergrund.
unten: Hortus Botanicus Marimurtra. Der Kakteengarten.

Hortus Botanicus Marimurtra.
Der Linné-Pavillon am Fuß der Haupttreppenanlage.

SANTA CLOTILDE

Ort: Lloret de Mar
Eigentümer: Marquise de Roviralta de Santa Clotilde und Erben

Gleichgültig wie viele Meisterwerke der Gartenkunst man kennt, der Garten von Santa Clotilde bedeutet für jeden Besucher eine überwältigende Erfahrung. Dies ist nicht nur auf seine landschaftliche Umgebung zurückzuführen, die zu den schönsten in ganz Spanien zählt. Das Anwesen wurde in den zwanziger Jahren von dem verstorbenen Marquis von Roviralta an der damals noch touristisch unerschlossenen Costa Brava auf einem felsigen Vorgebirge gebaut. Von hier führten steile Pfade hinunter zu den Buchten von Los Fanales und Santa Catalina. In das Halbrund dieser zerklüfteten und mit Kiefern besprenkelten Hügel wurde eine Reihe von herrlichen Gartenterrassen bis zum Meer hin angelegt.

Der Marquis war bei der Planung des Gartens nicht allein; seine Ratgeber waren der Architekt Domingo Carles und dessen Frau, die Bildhauerin María Llimona. Es gibt auch Vermutungen, daß der Architekt Nicolás María Rubió y Tudurí auf die Planungen Einfluß genommen hat. Zuerst mußten Löcher in den Fels gesprengt werden, um dort Bäume pflanzen zu können, Wasserleitungen mußten verlegt werden, um die Pflanzen zu bewässern, und Tausende Tonnen von Mutterboden wurden aufgebracht. Ursprünglich hatte der Marquis die Absicht, einen Garten zu schaffen, der möglichst schnell ein fertiges Bild ergab. Er pflanzte rasch wachsende Arten wie Eukalyptus und Mimosen. Als im Jahre 1954 viele dieser Pflanzen durch Frost verlorengingen, entschied er sich für eine Neubepflanzung mit Koniferen, die in diesem Garten heute einen üppig grünen Hintergrund bilden. Dazu gehören Pinien (Pinus pinea), gewöhnliche Zypressen (Cupressus sempervirens) und Monterey-Zypressen (Cupressus macrocarpa).

Der makellose Zustand der Anlage ist dem Gärtner Juan Planioll zu verdanken, der hier mehr als fünfzig Jahre wirkte und diesen Garten zu seinem Lebenswerk machte. Zur Bewässerung gibt es ein Reservoir mit einem Fassungsvermögen von fast 80000 Litern, das von einem Brunnen gespeist wird. Manchmal wird dieses Reservoir dreimal am Tag geleert und wieder gefüllt.

Man könnte sagen, daß Santa Clotilde ein Garten im italienischen Renaissancestil ist; ein Eindruck, der durch die Dominanz der Farbe Grün, die in Form geschnittenen Büsche und die zahlreichen klassischen Skulpturen hervorgerufen wird. Es wäre jedoch eine oberflächliche Betrachtung, wenn man nicht das dynamische Element dieses Gartens erkennen und sehen würde, mit welcher Leidenschaft und Phantasie die Steilhänge, die Terrassen und Treppenanlagen gestaltet und der maritime Genius loci gewahrt wurden. Dem Marquis waren vor allem die malerischen Werte der Landschaft wichtig und zwar in dem Maße, daß er die benachbarten Hügel erwarb, um die Ausblicke vom Garten aus unverändert erhalten zu können.

Als eine Art Empfangsbereich des Gartens dient eine große, mit Kies befestigte Esplanade, die von hohen Zypressenhecken gerahmt ist. Dieser rechteckige Gartenraum mit seinen vier zylindrisch beschnittenen Zypressen, die als dramatischer Akzent in der Mitte dieses vor dem Wohnhaus gelegenen Bereichs gepflanzt sind, ist zum Wahrzeichen von Santa Clotilde geworden. Die Bäume rahmen ein rundes Wasserbecken und bilden den Hintergrund für zwei Marmorstatuen der Justitia und der Prudentia, die laut antiker Überlieferung die Aufgabe hatten, das Tor zu den Elysischen Feldern zu bewachen. Das kleine Tal, das sich unterhalb dieses Platzes in Richtung Meer öffnet, steht dem legendären Tal von Tempe an Schönheit in nichts nach. Die breiten Wege und steilen Treppen, welche die verschiedenen Ebenen des Gartens miteinander verbinden, werden von Hecken aus Schneeball (Viburnum tinus), Klebsame (Pittosporum tobira), Oleander und Zypressen gerahmt.

Ein weiteres Kernstück der Gartenkonzeption ist die große Treppenanlage, die hinunter zur Plaza de las Sirenas führt. Die Treppenanlage, die von hochaufragenden Zypressen auf beiden Seiten gesäumt wird, beeindruckt durch ihre schlichte Schönheit. Eine Besonderheit sind auch die Ziegelstufen, die mit glänzend grünem Efeu bezogen sind. Von dem kleinen Platz aus gesehen scheint es, als ob die koketten grünen Bronzesirenen, die María Llimona auf der Treppe plaziert hat, mit ihren gewundenen Fischkörpern ohne Schwierigkeiten die grüne Kaskade bis zu den Riesenvenusmuscheln hinuntergeglitten wären, die dort unten am Fuß der Treppe darauf warten, sie ins Meer zu bringen. An regnerischen Abenden gibt es wohl keinen schöneren Platz als diesen hier.

Santa Clotilde.

SEITE 110
Santa Clotilde. Statue der Gerechtigkeit.

Santa Clotilde. Die unterste Terrassenebene mit Ausblick auf das Mittelmeer.

Santa Clotilde. Die große Treppenanlage von der Plaza de las Sirenas aus gesehen.

Balearen

ALFABIA

Ort: Buñola
Eigentümer: José Zaforteza und Geschwister

Alfabia. Die »clastra«, der Patio.

Die Sierra de Alfabia, die an der Nordwestküste Mallorcas fast senkrecht zum Meer hin abfällt, schützt das Binnenland vor den kalten Nordwestwinden. Die Südhänge dieses Gebirgszugs sind mit Aleppo-Kiefern, Pinien, Stein-Eichen, Johannisbrotbäumen, Zwergpalmen, Feigenbäumen, Zypressen und Pistaziensträuchern bedeckt. Durch Menschenhand kamen im Laufe der Jahrhunderte noch weitere Baum- und Straucharten hinzu, wie zum Beispiel Dattelpalmen, Orangen- und Zitronenbäume, Apfelbäume, Mispeln, Mandelbäume, Kakipflaumen, Ölbäume und Weinstöcke. An den Hängen der Sierra de Alfabia sammelt sich das Regenwasser in kleinen Bächen, die sich in wahre Sturzbäche verwandeln können. Der Überfluß an Wasser ist für die »alquería«, das Landgut Alfabia, von besonderer Bedeutung. Das Gut besteht seit den Tagen der arabischen Besatzung auf Mallorca. Es befindet sich genau dort, wo die Straße von Palma nach Sóller ansteigt.

Die Wahl des Ortes ist arabischen Ursprungs, ebenso die Nutzung des Landes für den Obstanbau, die Bewässerungskanäle und Wasserreservoirs, die Windmühlen und die Terrassierung des Geländes. Nicht zuletzt kommt auch der Name Alfabia aus dem Arabischen. Er bedeutet soviel wie Kanne oder Krug. Aus Arabien und Afrika kommend, drangen die Anhänger Mohammeds im 8. Jahrhundert in Mallorca ein und besetzten die Insel für vier Jahrhunderte, bis Jaime I. von Aragonien auszog, um die Insel zurückzuerobern. Zu diesem Zweck sammelte er im Jahre 1229 eine so große Flotte, daß den Chronisten »das ganze Meer weiß zu sein schien vor lauter Segeln«. Bei seinem Feldzug gegen die Araber wurde Jaime I. von dem Mauren Ben Afet, dem letzten arabischen Besitzer von Alfabia, unterstützt. Der siegreiche König übertrug das Gut seinem Onkel, dem Grafen von Rosellón, der es Ben Afet zurückgab. Im Laufe der Jahrhunderte wechselte es häufig seinen Besitzer und kam dabei in die Hände fast aller großen Familien von Mallorca – den Santacilia, den Berga, den Villalonga – bis es schließlich Eigentum der Familie Zaforteza wurde.

Der Zugangsweg zu dem Landgut wird von Platanen gesäumt, die heute fast hun-

dert Jahre alt sind. Er führt zunächst zu einem kleinen Vorhof mit einem Springbrunnen. Dieser Patio, der auf mallorquin »clastra« heißt, wird von einer einzigen riesigen Platane beschattet. Der Besucher betritt den Garten über einen schmalen, sanft ansteigenden Pfad, der früher einmal von Platanen gesäumt war, heute aber von einer Doppelreihe Palmen begleitet wird. Der Pfad endet in einem kleinen Patio mit einem barocken Springbrunnen. Die beiden in Terrakotta ausgeführten Löwenskulpturen aus dem 19. Jahrhundert, die zu beiden Seiten der Treppe lagern, wirken weder wachsam noch angriffslustig und scheinen nicht unbedingt geeignete Wächter zu sein.

Seitlich wird der Patio von zwei gemauerten Pavillons begrenzt. Der eine Pavillon dient als »palomar«, als Taubenhaus; der andere ist eine alte arabische »aljibe«, eine Zisterne mit einem Tonnengewölbe. Öffnungen in den Mauern erlauben über den Wasserspiegel der Zisterne hinweg einen Blick in die Gartenanlagen auf der anderen Seite. Der ansteigende Weg, der hier endet und auf drei Seiten versperrt ist, scheint so inszeniert zu sein, daß der Besucher gezwungen ist, durch das magische Auge der Zisternenöffnung zu blicken. Der Innenraum der Zisterne erhält sein Licht nur durch eine Öffnung in der Rückwand, die fast völlig durch Vegetation verdeckt ist. Die Geräuschkulisse, die lichte Dunkelheit und die Reflexe der sich bewegenden Blätter sprechen in starkem Maße die Sinne an. Es sind nur wenige, ganz einfache Elemente – charakteristisch für den Genius der arabischen Architektur –, die diese Wirkung hervorrufen. Durch eine kleine Öffnung in der Mauer neben dem Springbrunnen gelangt der Besucher von diesem Patio in den Garten mit seiner weinberankten Pergola, die wahrscheinlich mittelalterlichen Ursprungs ist, aber zu einem späteren Zeitpunkt mit barocken Schmuckelementen ausgestaltet wurde. Die Pergola wird von Wegen gekreuzt, die zu Terrassen führen, auf denen früher Obstbäume angepflanzt waren; heute wachsen hier Zierpflanzen. Am anderen Ende der Pergola befindet sich ein kleiner viereckiger Patio mit einem flachen steinernen Wasserbecken, in dessen Mitte ein

Alfabia. Der Patio mit Blick auf das Taubenhaus.

Springbrunnen emporsteigt. In der Vergangenheit war dieser Raum sicherlich einmal überdacht gewesen. Der Springbrunnen stammt aus dem 17. Jahrhundert, ebenso wie die vierundzwanzig kleinen Brunnen, die im letzten Abschnitt der Pergola paarweise zwischen den Säulen angeordnet sind.

Das Wasser steigt in feinen, aber kräftigen Strahlen aus den fast unsichtbaren Öffnungen dieser kleinen Brunnen. Früher wurde fälschlicherweise angenommen, diese Art Springbrunnen sei islamischen Ursprungs. Tatsächlich sind sie eine Erfindung der italienischen Renaissance. Das zarte Wasserspiel vom Inneren der Pergola aus zu betrachten und zu sehen, wie das Wasser aus dem größeren Springbrunnen emporsteigt – man sagt, eine Orange könnte auf dem Strahl balancieren –, um dann auf die steinerne Platte zu fallen und von dort auf den Boden zu fließen, ist ein besonderes Erlebnis. Ein Teil der Gartenanlagen hinter dem Haus wurde im 19. Jahrhundert unter dem Einfluß des englischen Landschaftsgartens im Stil der Romantik, dem sogenannten Isabellinischen Stil, angelegt. Hier führen gewundene Pfade um einen künstlichen See herum. Die Bepflanzung dieses Gartenbereichs ist außerordentlich üppig mit Hanfpalmen (Trachycarpus fortunei), Washingtonia-Palmen, Akazien (Acacia retinodes), Jacarandabäumen (Jacaranda mimosifolia), Mimosen (Albizia julibrissin), Bambus (Phyllostachys bambusoides), Pampasgras (Cortaderia selloana), Bougainvillea, Bleiwurz (Plumbago auriculata), Zimmerkallas (Zantedeschia aethiopica), Clivien (Clivia miniata) und Seerosen (Nymphaea alba) in den Wasserbecken.

Alfabia. Blick auf den künstlich angelegten Teich.

SEITE 119
oben: Alfabia. Springbrunnen in einer der Seitenöffnungen der Pergola.
unten: Alfabia. Die Pergola.

S'AVALL

Ort: Salinas
Eigentümerin: Carmen Delgado de March

Schon seit Urzeiten ist das Gebiet, auf dem sich das Landgut S'Avall befindet, vom Menschen besiedelt. Davon zeugen sowohl die Reste alter Begräbnisstätten als auch die hier aufgefundenen Scherben von Töpferwaren. In jüngerer Zeit war das Landgut Eigentum des Marquis von Palmer und diente als Jagdsitz und Schaffarm. Abgesehen von einem fruchtbaren Tal, von dem das Gut seinen Namen erhielt – S'Avall bedeutet auf mallorquin »Tal« –, ist der Boden zu karg für eine Bewirtschaftung. Das Landgut umfaßt ein Gebiet von 4444 »cuarteradas« – vier mal die Vier, vielleicht eine magische Zahl. Die cuarterada ist ein mallorquinisches Flächenmaß und entspricht etwa 7000 Quadratmetern, so daß das Landgut mehr als 3000 Hektar umfaßt.

Juan March Ordinas erwarb das Landgut in den frühen dreißiger Jahren. Das Anwesen befindet sich auf dem äußersten Südzipfel der Insel, in der Nähe von Cabo Salinas. Gabriel Alomar, der als Architekt bereits ein Palais für die Familie March in Palma de Mallorca geplant und ausgeführt hatte, entwarf für das Gut ein Landhaus aus örtlichem Naturstein und legte einen Garten an, der im Stil des Art Déco gehalten war. Der Erbe des Besitzes, Juan March Servera, erweiterte das Haus und gestaltete den Garten nach neuen Stilvorstellungen um. Das Gelände war, mit Ausnahme des Tals, blanker Fels, der erst einmal mit Mutterboden aufgeschüttet werden mußte. Der Garten ist von einem Netz kleiner Kanäle durchzogen, in denen das Regenwasser in unterirdische Zisternen geleitet wird, so daß kein Tropfen verlorengeht. Auch das Wasser von den Hausdächern wird gesammelt. Seit einigen Jahren verfügt das Landgut auch über eine Entsalzungsanlage, um das Wasser aus dem nahe gelegenen Meer nutzen zu können. Der Wunsch, hier unter diesen widrigen Umständen einen Garten anzulegen und zu unterhalten, ist bewundernswert.

S'Avall verfügt heute sowohl über einen »mediterranen« Garten als auch über einen Kakteengarten, in dem 2000 Kakteenarten versammelt sind. Zum Großteil sind sie mit ihrem botanischen Namen gekennzeichnet. Der mediterrane Garten ist fast drei Hektar groß und auf einem sanft abfallenden Gelände angelegt. In diesem Bereich steht ein typisch mallorquinisches Bauernhaus in verkleinertem Maßstab; es ist vollständig möbliert und war ursprünlich als »Kinderhaus« zum Spielen für die Töchter der Familie gedacht. Hier in der Umgebung wachsen Pistaziensträucher, Ölbäume und Aleppokiefern. Dazwischen gedeihen exotische Gewächse wie Jacaranda (Jacaranda mimosifolia), Feigenarten wie Ficus microcarpa und Ficus macrophylla, der weiße Sapote (Casimiroa edulis), der Brasilianische Pfefferbaum (Schinus terebinthifolius) und der orangeblühende Hibiskus (Hibiscus mutabilis). Außerdem stehen hier Lagerstroemia indica, Australischer Rosmarin (Westringia fruticosa) und vor allem ein über vierzig Jahre alter Korallenstrauch (Erythrina crista-galli) mit ungewöhnlich tiefroten Korallenblüten.

S'Avall ist zu Recht berühmt für seine Kakteensammlung, deren Anfänge bis in das Jahr 1945 zurückgehen. Damals wurde ein ziemlich pompöser Steingarten mit künstlichen Hügeln und steilen Pfaden, mit einer kleinen Grotte und einem Wasserfall angelegt. Hier findet man zwischen den Kakteen zarte weiße, rosa gesprenkelte Hakenlilien (Crinum bulbispermum) und die blauen Blüten des herzförmigen Hechtkrauts (Pontederia cordata) aus Südamerika. In der Nähe wachsen Palmfarne (Cycas circinalis) aus Madagaskar. Auf diesem Hügel sind auch einige der kreisrunden Steinscheiben aufgestellt, die früher einmal als Abdeckung für die »sixoles« dienten, die jahrhundertealten unterirdischen mallorquinischen Kornspeicher.

Im Jahre 1958 wurde von Gabriel Alomar ein neuer, etwa eineinhalb Hektar großer Kakteengarten entworfen, der von dem Gartenarchitekten Juan Pañella Bonastre bepflanzt wurde. Die Pflanzen, die auf dieser großen Fläche wachsen, sind vorwiegend solche, die in einem Inselklima mit hoher Luftfeuchtigkeit gedeihen können, denn Pflanzen, die ein trockenes Klima bevorzugen, können hier nicht überleben. Da die Kakteen zudem in großen Gruppen gesetzt sind, vermittelt dieser Garten nicht den Eindruck eines sehr trockenen Ortes; er scheint eher ein Wald als eine Wüste zu sein. Zu den aufsehenerregendsten Arten gehören die Echinopsis validus aus Bolivien, von denen eine Pflanze über dreißig Jahre ist, der Ferocactus peninsulae, der Carnegiea polylopha mit einem Wachstum von achtundzwanzig Ringen zwischen Sommer und Winter, Drachenbäume (Dracaena draco) von den Kanarischen Inseln sowie der

S'Avall. Der Kakteengarten.

Pachycereus grandis mit spektakulären pinkfarbenen Trompetenblüten und der kriechende Teufelskaktus (Stenocereus eruca) aus Mexiko, der sich über den Boden schlängelnd immer weiter ausbreitet und dabei jedes Hindernis überwindet. In einem Kakteengewächshaus werden verschiedene Dickblattgewächse (Crassulaceae) gezogen.

Ein Kakteengarten ist immer ein grüner Garten. Es können zwar auch aufsehenerregende Blüten darin vorkommen, aber sie erscheinen nur flüchtig, manche blühen nur einige Stunden. Es ist ein Garten der Stille und außerdem ein Garten ohne Schatten. Die Stille wirkt mitunter fast beunruhigend. Und so kommt man mit einer gewissen Erleichterung zu den Palmen, die den Kakteengarten begrenzen und den Weg zurück zum Haus begleiten.

S'Avall. Der Kakteengarten.

SEITE 122
oben: S'Avall. Das »Kinderhaus«.
unten: S'Avall. Der Kakteengarten, im Hintergrund das Haupthaus.

Valencia

MONFORTE

Ort: Valencia
Eigentümer: Ayuntamiento Municipal de Valencia (Stadt Valencia)

Der Besuch des Gartens von Monforte ist ein bewegendes Erlebnis. Der Park erinnert an das Valencia des 19. Jahrhunderts und der zwanziger Jahre des 20. Jahrhunderts.

Monforte wurde Mitte des 19. Jahrhunderts auf der dem Mittelmeer zugewandten Seite der Stadt von dem Industriellen Juan Bautista Romero (1802-1872) als Landhaus mit einem etwa 8000 Quadratmeter großen Garten errichtet. Der Besitz ging durch Erbschaft an Alvaro Monforte.

Das Ensemble wird gewöhnlich dem Klassizismus zugeordnet. Dies ist zwar bis zu einem gewissen Grade korrekt, trifft aber auf den Garten nicht ganz zu. Hier leben Vernunft und Passion dicht beieinander. Das Wohnhaus, das vom Garten umgeben, ja fast in ihm verborgen ist, drückt insgesamt ein klassisches Gefühl für Ordnung und Maßstäblichkeit aus. Als ein fernes Echo auf die islamische Tradition bietet die Eingangshalle des Hauses Zugang zum Inneren des Gebäudes und zu zwei Patios, die als Vestibül für den Garten dienen. Der intimere der beiden Patios wird über eine Marmortreppe erschlossen, die zu einem kleinen Hof hinunterführt. Auf der gegenüberliegenden Seite befindet sich ein Tor in Form eines Triumphbogens, das von zwei Skulpturen in Gestalt von Seepferden und einem Füllhorn im Zentrum gekrönt wird. Dieser kleine kultivierte Raum mit seinen strengen Maßen, mit den aus Buchsbaumhecken geschnittenen Bögen an den Seiten und dem kreisrunden Wasserbecken in der Mitte ist in seiner Haltung eindeutig klassizistisch. Vor allem aber beeindrucken die aus Italien importierten Marmorskulpturen: die Mänaden, Gänse, Lämmer und Schwäne als Begleiter von Bacchus und Merkur. Bacchus ist mit erhobenem Kelch in der einen Hand und einer Handvoll Trauben in der anderen Hand dargestellt, Merkur ist an seinem Flügelhelm zu erkennen. Er scheint sich einen Moment auszuruhen. Die beiden Statuen stehen aber auch als Sinnbild für den besonderen Charakter von Valencia, für Fleiß und Vergnügen. Das äußere Tor des offeneren Patios wird von zwei Marmorlöwen bewacht, die ursprünglich für den Palacio de las Cortes, den Sitz

Monforte. Der Patio ist Bacchus und Merkur gewidmet.

SEITE 126
Monforte. Daphne und Chloe.

des Parlaments in Madrid, geschaffen worden waren. Da sie aber nicht dem gewünschten Maßstab für das Parlamentsgebäude entsprachen, konnte sie der Marquis von San Juan erwerben, so daß ihnen heute ein halbrunder Raum zu Füßen liegt, an dessen Außenseite eine Sammlung von Marmorbüsten aufgestellt ist.

Nachdem man das Löwentor durchschritten hat, führt ein Weg zu einem kleinen Wasserbecken, aus dem sich eine Skulpturengruppe aus weißem Marmor erhebt, die Daphne und Chloe darstellt. Diese Statuen befinden sich an einem der Wegeschnittpunkte, die den Gartenhof in ein Raster mit sechs Beetfeldern unterteilen. Die Beete sind mit beschnittenen Myrtenhecken in Form eines Knotenparterres bepflanzt; in der Mitte jedes Beetes erhebt sich eine Statue. Auf einer Seite dieses klassizistischen Gartens, am Rande einer im Bogen geführten Mauer, verläuft eine lange, schmale Pergola. Dieser schattige grüne Laubengang bietet einen herrlichen Ausblick auf den anschließenden größeren Gartenteil. Dieser Bereich scheint stilistisch nicht zu dem klassizistischen Geist der übrigen Gartenpartien zu passen, ist aber eine interessante Ergänzung. Hier verströmen Orangenbäume ihren betörenden Duft zu Ehren der Göttin Hera, deren Hochzeitsgeschenk sie waren.

Der künstliche Berg, der den Berg Nysa symbolisiert, wo Nymphen den ihnen von Hermes anvertrauten Dionysosknaben aufzogen, ist das wichtigste Kompositionselement des romantischen Gartens von Monforte. Der Aufstieg über einen spiralförmig angelegten Weg mit immer wieder wechselnden Blickbezügen unterstreicht die Vorrangstellung der Vertikalen vor der Horizontalen. Ein Hain aus Palmen und Zypressen - ein Nebeneinander, das in der freien Natur völlig undenkbar wäre - umgibt den Berg. Ein künstlich angelegter Teich mit geschwungenem Umriß schafft einen schattigen, verzaubert wirkenden Ort. Das mythologische Leitmotiv von Monforte ist das Wasser: Die Seen, Teiche, Springbrunnen, Wassernymphen und Delphine huldigen dem Gott Neptun, dem häufig die Herrschaft über Gärten übertragen wird.

Monforte ist ein Garten, in dem Symbole eine bedeutendere Rolle spielen als das gärtnerische Element. Die Sprache dieser Symbole ist im 20. Jahrhundert jedoch fast gänzlich verlorengegangen. Der Garten von Monforte wurde am 30. Mai 1943 offiziell als Gartendenkmal deklariert; 1971 ging er in städtischen Besitz über.

Monforte. Hibiskus.

HUERTO DEL CURA

Ort: Elche
Eigentümer: José Orts Serrano und Geschwister

Der Palmenhain von Elche, etwa 20 Kilometer südlich von Alicante, ist einer der nördlichsten Dattelpalmenhaine der Welt. Er wurde bereits von den Phöniziern angelegt. Jaime I. von Aragonien, der 1264 die von den Arabern besetzte Stadt eroberte, verdanken wir das Überleben des Palmenhains. Der König war von seiner Schönheit so beeindruckt, daß er verbot, ihn abholzen und brandschatzen zu lassen. Die Zerstörung des eroberten Gebiets war im Mittelalter eine übliche Strafmaßnahme, durch die die Besiegten auf lange Zeit in Armut und Elend gestürzt wurden. Weder große Trockenheit noch magerer Boden, weder Salzwasser noch die brennende Sonne vermögen diesen Palmen etwas anzuhaben. Trotz der städtebaulichen und industriellen Entwicklung hat sich der Hain ausgedehnt und zählt jetzt mehr als eine halbe Million Bäume, die saftige eßbare Früchte, Holz, Palmblätter für Dachdeckungen und Korbflechtereien, Fasern für die Seiler und für dekorativen folkloristischen Schmuck liefern. Die Palmen sind in regelmäßigen Reihen angepflanzt und in Feldern geordnet. Dazwischen lagen früher die »huertos«, die Obst- und Gemüsegärten. Die Rasterpflanzung der Palmenhaine war bereits bei den Sumerern, Persern, Phöniziern und Ägyptern gebräuchlich. Sie erlaubte eine sinnvolle Ausnutzung des Bodens und ließ das Licht gleichmäßig einfallen. Außerdem wurde durch diese Anordnung der Bäume die Bewässerung erleichtert. Das Wasser fließt über rasterför-

Huerto del Cura. Der Garten des Priesters.

mig angelegte Kanäle mit einem leichten Gefälle direkt zu den Bäumen, wie dies auch in den mit Orangenbäumen bestandenen Patios der Kathedralen von Córdoba und Sevilla der Fall ist. In Spanien wird die Kultivierung von Palmen traditionell den Arabern zugeschrieben, jedoch scheint sie bereits früher zusammen mit der entsprechenden Bewässerungstechnik in Kleinasien von den Nabatäern entwickelt worden zu sein.

Seit dem Mittelalter wurden die in der Mitte des Palmenhains gelegenen Bereiche zum Anpflanzen anderer Feldfrüchte genutzt, die einen größeren Ertrag erbrachten. Man umgab diese Bereiche mit einfachen Palmzäunen. Angeregt durch das glückliche Zusammentreffen von Schatten und fruchtbarem Boden entschieden sich ihre Besitzer häufig, hier auch Häuser zu bauen und Gärten anzulegen. So auch in Elche: Zu dem ursprünglichen Dattelpalmenhain kamen die Obst- und Gemüsegärten und schließlich reine Ziergärten.

Huerto del Cura. Brunnen mit der Kopie der Dama de Elche, einer antiken iberischen Skulptur, die in Elche gefunden wurde.

Im Jahre 1843 gab es in dem »huerto«, dem Obst- und Gemüsegarten der Familie Castaño, die unter den Palmen Granatäpfel und Artischocken anbaute, zwei wichtige Ereignisse: Der zweite Sohn der Familie wurde geboren, und eine neue Palme keimte. Der junge José Castaño wuchs heran, wurde zum »cura«, zum Priester geweiht, und schließlich erbte er den »huerto«, in dem er aufgewachsen war. Nachdem die Palme dreißig Jahre lang ganz normal gewachsen war, begann sie plötzlich, etwa zwei Meter über dem Erdboden um den Hauptstamm herum Nebenstämme auszubilden. Dieses Phänomen wurde mit großer Neugierde beobachtet, da Palmen Nebenstämme normalerweise nur am Fuß entwickeln. Palmen sind zweihäusig, das heißt, daß die weiblichen Pflanzen, die Frucht tragen, mit dem Pollen der männlichen Pflanzen bestäubt werden müssen. Der Pollen wird durch den Wind, Vögel oder Insekten transportiert. Diese ungewöhnliche Palme mit ihren sieben Stämmen war die einzige männliche Pflanze in dem »huerto«, die ihren eigenen »Nachwuchs« hervorgebracht hat. Seit im Jahre 1873 diese seltene Wuchsform zum ersten Mal beobachtet wurde, fand der Baum internationale Beachtung.

Im Jahre 1894 besuchte Kaiserin Elisabeth von Österreich in Begleitung ihres Cousins, des Erzherzogs Luis Salvador, den Garten. Sie regte Castaño an, dieser ungewöhnlichen Palme einen besonderen Namen zu geben. Er nannte den Baum zum Andenken an den Besuch der Kaiserin »Palmera Imperial«, Kaiserpalme. Seit dieser Zeit ist es in Elche Brauch, weiblichen Palmen den Namen berühmter Persönlichkeiten zu verleihen: Benito Pérez Galdós, Claude Debussy, La Mistinguette, Jose Luis Sert, Miguel de Unamuno, Julio Cortázar und Arthur Rubinstein seien als einige Beispiele genannt. Bereits um die Jahrhundertwende war der Huerto del Cura weit über die Grenzen von Spanien hinaus bekannt. Im Jahre 1918 starb Castaño, und der »huerto« wurde im darauffolgenden Jahr von seinem Freund Juan Orts Miralles erworben. Der Garten ist noch heute im Besitz dieser Familie. Der neue Eigentümer organisierte Besuche des Huerto Imperial, wie er ihn nannte; Postkartenserien wurden gedruckt. Bei der Bevölkerung hieß der Garten jedoch weiterhin Huerto del Cura.

1940 erbte Juan Orts Roman den Huerto del Cura. Er renovierte das Wohnhaus und baute einen Arkadengang mit Stützen aus Palmstämmen, den er mit großen Töpfen dekorierte, in denen Calla wuchsen. Er legte eine »alberca«, ein Wasserbecken für die Bewässerung, an und führte blühende Zierpflanzen in den Garten ein. Bis in die fünfziger Jahre hinein waren die Gartenwege durch Gitter aus dünnem Rohr begrenzt.

Im Jahre 1958 erbten die Kinder von Juan Orts und Dolores Serrano den »huerto«. Einer der Söhne gründete eine Gärtnerei und ein Gartencenter, eröffnete einen Campingplatz und baute ein Luxushotel. Sein Hauptinteresse jedoch galt immer dem Huerto del Cura. Dessen Charakter wurde seit Mitte der sechziger Jahre immer exotischer, und der neu bepflanzte »huerto« ist heute wegen seiner Kakteensammlung bekannt. Die Palmera Imperial hat mittlerweile die Hälfte ihrer normalen Lebensdauer von 300 Jahren erreicht. Um ihre sieben Nebenstämme zu sichern, konstruierte man ein Metallgestell, das ein Gewicht von immerhin zehn Tonnen aufnehmen muß. Am 15. Juli 1948 wurde der Palmenhain von Elche zum Nationalen Naturdenkmal deklariert. Im gleichen Zuge wurde der Huerto del Cura zum Nationalen Gartendenkmal erklärt.

Huerto del Cura. Die Palmera Imperial.

Huerto del Cura. Der Kakteengarten.

Andalusien

LA ALHAMBRA

Ort: Granada
Eigentümer: Patronato de la Alhambra y Generalife

La Alhambra. Die Torre de Comares mit der Sierra Nevada im Hintergrund.

SEITE 135
oben: La Alhambra. Der Patio de los Arrayanes mit Blick auf die Torre de Comares.
unten: La Alhambra. Der Patio de los Arrayanes.

Schon Ptolemäus, dessen Name anderthalb Jahrtausende lang als Synonym für umfassende Geographiekenntnisse stand, war von der hinreißenden Lage Granadas am Fuße der Sierra Nevada, dem höchsten Gebirge auf der Iberischen Halbinsel, tief beeindruckt. Das lebenspendende Wasser, das von den schneebedeckten Gipfeln kommt, fließt in den drei Flüssen Genil, Darro und Beiro in die »vega«, die fast endlos weite, fruchtbare Ebene mit ihren üppigen Obstbaumhainen. Granada selbst ist auf sieben Hügeln erbaut; auf einem von ihnen, dem Assabika-Hügel, erhebt sich die Alhambra.

Die Alhambra, was »rote Burg« bedeutet, hat ihren Namen von den im Abendlicht rot leuchtenden Mauern und Türmen. Der Palast war für sich eine kleine Stadt, eine stolze Festung, die von starken Schutzmauern umschlossen und zinnengekrönten Türmen verteidigt wurde. Innerhalb dieser Mauern bauten die Sultane der Nasriden-Dynastie (1238-1492) ihre Paläste. Sie hinterließen die ältesten islamischen Gärten der Welt, die man heute noch in nahezu unveränderter Form bewundern kann. Vor siebenhundert Jahren gab es auch an den Hängen noch Waldstücke und Gärten, und viele kleine Kanäle verteilten das wild strömende Wasser, das über Aquädukte von den nahen Berggipfeln herbeigeführt wurde.

Innerhalb des Palastkomplexes gibt es zwei Gartenhöfe aus dem 14. Jahrhundert, die eine genauere Betrachtung wert sind, denn ihre Gestaltung hat viele später entstandene Gartenanlagen in Spanien beeinflußt. Der ältere und vielleicht auch schönere dieser beiden Gartenhöfe ist der Patio de los Arrayanes oder Patio de la Alberca, der Myrten- oder Zisternenhof, der von Yusuf I. (1333-1354) angelegt wurde. Dieser Hof, der dem Thronsaal in der Torre de Comares vorgelagert ist, war für rituelle Waschungen bestimmt.

La Alhambra. Der Patio de los Leones, der Löwenhof.

Die zurückhaltende Eleganz des Patio de los Arrayanes und insbesondere die strenge Bepflanzung überraschen den Besucher; aus ihnen resultiert jedoch die einzigartig schöne, geradezu transzendentale Stimmung dieses Raums. Das zentrale Gestaltungselement des Patios, der 36,6 mal 23,5 Meter mißt, ist die »alberca«, das Wasserbecken, die etwa ein Drittel der Gesamtbreite und fast die ganze Länge des Gartenraums einnimmt. Die Längsseiten der »alberca« werden von gerade verlaufenden Hecken aus duftender Myrte gerahmt, die im Spanischen »arrayán« heißt. Die Gesamtkomposition basiert auf einem einfachen Schema mit Mittelachse und parallelen Ordnungslinien. Zwischen den Myrtenhecken und der »alberca« verlaufen zwei schmale Wege aus weißen Marmorplatten. Hinter den angrenzenden langgestreckten Gebäudefassaden, in die kleine »ajimeces«, maurische Doppelbogenfenster, eingelassen sind, befanden sich die Räume der Höflinge. Diese heute schmucklosen Mauern sollen in früheren Zeiten mit Motiven bemalt gewesen sein, die Tänzerinnen zwischen Blumen und Bäumen darstellten. Ähnliche Wandmalereien haben in anderen arabischen Palästen die Zeiten überdauert. Gemäß den 1526 datierten Berichten eines venezianischen Gesandten war der Patio früher mit Zitronenbäumen geschmückt. An den Schmalseiten des Gartenhofs befindet sich jeweils eine grazile Loggia mit Alabasterpfeilern, deren Bogenfelder durchbrochene Muster aus Stuck aufweisen. An den beiden Enden des Wasserbeckens ist jeweils ein kleines rundes Marmorbecken in den Boden eingelassen, in dem Wasser – sehr verhalten und ohne das Pathos einer Fontäne – plätschert. Es wirkt fast wie ein natürlicher Wasseraustritt, und Assoziationen an die Gartenteiche im alten Ägypten mit den schmükkenden Lotusblumen kommen auf. Das Wasserbecken erinnert aber auch an ein »impluvium«, ein Auffangbecken für Regenwasser, wie es in den römisch-antiken Stadthäusern üblich war. Auch die Gesamtatmosphäre dieses Gartenhofs läßt den Besucher an antike Peristylgärten denken.

Trotz der Schlichtheit dieses Raums sind die Assoziationen, die durch diesen Gartenhof wachgerufen werden, sehr vielfältig. Die durch kaum einen Windhauch gekräuselte Wasseroberfläche spiegelt die Umrisse des gewaltigen zinnengekrönten Turms und bietet ein horizontales Gegengewicht zu dessen kompromißloser vertikaler Ausrichtung, welche die irdische Macht des Sultans symbolisiert. Aus theologischer Sicht ist das Wasserbecken aber auch ein Hinweis auf das vom Koran beschriebene himmlische Paradies. Die islamischen Gärten sollten durch ihre Abstraktheit als Räume erlebbar werden. Sie sollten die Sinne des frommen Besuchers ansprechen und zu Innerlichkeit und einem Zwiegespräch mit Gott führen. Im Islam dienen alle Künste der Hinführung zum Gebet, und die Gartenkunst spielt dabei eine besonders wichtige Rolle.

Im Patio de los Arrayanes sprechen die beiden Brunnen an jedem Ende des Wasserbeckens sowohl das Auge als auch das Ohr an: Das Wasser füllt das steinerne Bassin mit einer dünnen, sich ausbreitenden Schicht und entweicht durch eine schmale Rinne in die »alberca«, deren Oberfläche es mit sich ständig verändernden, aber sich endlos wiederholenden Linien bewegt.

Das Bild seiner weltlichen Herrschaft, das Yusuf I. vor jedem Besucher inszenierte, der durch den Patio de los Arrayanes hereingeführt wurde, entsprach nicht den Ambitionen, die sein Sohn Mohammed V. (1354-1359 und 1362-1391) seinem Hof zu vermitteln wünschte. Der neue Sultan umgab sich mit Künstlern und Schriftstellern und wies ihnen hohe Positionen in seiner Verwaltung zu. Im Jahre 1377 baute sich Mohammed V. einen eigenen Palast neben dem seines Vorgängers, jedoch ohne den heute vorhandenen Verbindungsgang zwischen den beiden Gebäuden. Der Palast ist um einen etwa 32 mal 17 Meter großen Gartenhof angeordnet, den Patio de los Leones, den Löwenhof, der von einem Arkadengang mit 124 schlanken Alabastersäulen umschlossen wird. Der Löwenhof hat seinen Namen von den zwölf

La Alhambra. Der Patio de los Leones, der Löwenhof.

archaisch wirkenden Löwenskulpturen, die in der Mitte des Hofes stehen und auf ihren Rücken eine Brunnenschale tragen. Zwei luftige, holzgedeckte Pavillons ragen in den Gartenhof.

Die Grundform des persischen Lustgartens – ein Hof mit vier sich kreuzenden Wasserläufen, welche die vier heiligen Flüsse Tigris, Euphrat, Gihon und Fison symbolisieren – war das Vorbild für die Konzeption des Patio de los Leones. Die von den Wasserläufen umrissenen vier quadratischen Felder wurden mit den vier Elementen Wasser, Erde, Luft und Feuer assoziiert. Die Araber, die als Nomaden immer auf der Suche nach Oasen waren, eroberten im 6. Jahrhundert Persien. Dort meinten sie in den Gartenanlagen das Paradies gefunden zu haben, das Allah allen Gläubigen versprochen hatte – Orte mit reichlich fließenden Wassern, mit Früchten im Übermaß und vor allem mit angenehmem Schatten. Das arabische Wort für Garten, mit dem ein umschlossener Raum bezeichnet wird, ist »Paradies«. Trotz der im Koran ausgesprochenen Warnung »Weh dem, der das Paradies schon in diesem Leben genießt«, bauten auch die Araber vom Ganges in Indien bis an den Ebro in Spanien immer wieder Paradiesgärten. So wurde ein Gartengrundriß, der von den persischen Sassanidenherrschern zur Vollkommenheit gebracht worden war, im 14. Jahrhundert von den Mauren fortgeführt und verfeinert.

Wenn der Patio de los Arrayanes in seiner räumlichen Ordnung als zentripetal zu bezeichnen ist und in dem als Grundelement das spiegelnde Wasser der »alberca« das Empfinden von fern und nah aufhebt, so ist der Patio de los Leones zentrifugal angelegt. Wie im persischen Paradiesgarten fließen vier Wasserläufe von dem zentralen Brunnen in die vier Himmelsrichtungen. Vier kleine Kanäle, welche die Hauptachsen betonen, führen das überfließende Wasser weiter: zu der Sala de las Dos Hermanas, dem Saal der beiden Schwestern, und der Sala de los Abencerrajes, dem Saal der Abencerragen, an der Nord- beziehungsweise Südseite des Patio und bis in die Vorhöfe der Sala de los Mozárabes, dem Saal der Mozaraber, und der Sala de los Reyes, dem Königssaal, an der West- und an der Ostseite. Der Löwe als Symbol für das Königtum wurde von den Arabern immer wieder bei Brunnengestaltungen verwendet. Üblicherweise tröpfelt Wasser aus dem Rachen dieser wilden Tiere, als »sei es der Speichelfluß ihrer Mäuler«. Wenn das Wasser vom Löwenbrunnen in die Kanäle fließt, vermischt es sich mit dem Wasser, das aus der entgegengesetzten Richtung von den kleinen Brunnen in den Pavillons kommt. Das immerwährende Plätschern der Wasserstrahlen des Löwenbrunnens und das Murmeln des Wassers in den Kanälen sprechen die Sinne des Besuchers sehr an.

Man kann davon ausgehen, daß die vier von den Marmorwegen unterteilten Quadrate in dem Patio de los Leones ursprünglich um etwa 75 cm abgesenkt waren. In diesen abgesenkten Bereichen waren Blumenbeete angelegt, wie auf einem Perserteppich. (Im Jahre 1602 berichtete ein Besucher von sechs Orangenbäumen in jedem Beet, aber dies stimmte bereits nicht mehr mit der Originalbepflanzung überein.) Nichts durfte über das Niveau der Wege hinauswachsen, damit die Löwen immer die Vorrangstellung in ihrem Königreich behaupten konnten. In den Stuckarbeiten in der Sala de las Dos Hermanas sind die Worte eingeschrieben »Ich bin der Garten, der die Schönheit schmückt. Du wirst mich kennen, wenn du meine Schönheit schaust ... nie sahen wir einen so blühenden Garten von solch süßer Ernte und Duft.« Der Dichter Antonio Machado sagte einmal, die Alhambra sei verborgenes Wasser, das weint. So kann man auch zu Recht behaupten, den Patio de los Leones dürstet nach seiner verlorengegangenen Bepflanzung, dic heute durch tote Kiesflächen ersetzt ist.

Das besondere Geheimnis des Patio de los Leones ist das schnell wechselnde Licht, das ein Gefühl der Schwerelosigkeit vermittelt. Die Mauern und das Wasser verwandeln sich durch das Licht in eine wahre Seelenlandschaft. Die verschwenderische Fülle von Säulen und das Spiel von Hell und Dunkel lassen vor dem inneren Auge das Bild eines Palmenhains entstehen. Das Wasser in der Mitte des Gartenhofs erinnert an eine Oase und die beiden Pavillons, die sich in den Patio hineinschieben, an Nomadenzelte. Wie auf einem fliegenden Teppich werden wir unbewußt von einer Wüstenoase in einen Nasridenpalast gebracht.

Östlich des Palacio de los Leones befand sich ein dritter Palast, der Palacio del Partal, von dem noch ein hoher Portikus erhalten ist, den Mohammed III. (1302-1309)

La Alhambra. Die Jardines de Partal.

in die Verteidigungsmauern der Assabika einfügen ließ, sowie eine »alberca«, ein Wasserbecken, in das zwei große sitzende Löwen Wasser speien. Es ist das größte Wasserreservoir aus islamischer Zeit in der Alhambra.

Weiträumige terrassierte Gartenanlagen umgeben die königlichen Paläste und ihre zahlreichen Nebengebäude, alles hervorragende Beispiele mittelalterlicher islamischer Architektur in Spanien. Die Gartenanlagen, die einen Großteil des Geländes südlich und östlich des Palacio del Partal einnehmen, sind Neuschöpfungen des 20. Jahrhunderts. Sie entstanden im Jahre 1924 nach Plänen von Modesto Cendoya und Leopoldo Torres Balbás, den beiden Architekten, welche die Alhambra restaurierten. Nachdem sie sich mit dem gesamten Gebiet intensiv beschäftigt hatten, entschieden sie sich, die Überreste der Fundamente von anderen zerstörten Palästen, die hier ebenfalls gestanden hatten, unrestauriert zu erhalten. Die Wasserbecken und die Bepflanzung zwischen diesen niedrigen Mauerresten erinnern an maurische Gärten in Spanien. Die Zeit, die auch immer wieder bei der endgültigen Gestalt der Gärten mitwirkt, hat hier eine positive Wendung gebracht. Zypressen und Pappeln erheben sich hoch über Hecken aus Zypresse, Myrte und Buchsbaum. Es herrscht eine Fülle von Farben und Düften.

Auch wenn die Bepflanzung nicht authentisch ist, so vermittelt sie doch einen islamisch anmutenden Eindruck. Es wachsen hier Tulpen, Anemonen, Ranunkeln, Kaiserkronen, Narzissen, Maiglöckchen, Madonnenlilien, Stiefmütterchen, Nelken, Eibisch, Hyazinthen, Goldlack, Safran, Flieder, Schwertlilie, Rittersporn und Tuberosen. Aber es fehlen die verschiedenen Obstbaumarten, die in den arabischen Gärten immer dazugehörten. Im Jahre 1870 wurde die Alhambra unter Denkmalschutz gestellt.

EL GENERALIFE

Ort: Granada
Eigentümer: Patronato de la Alhambra y Generalife

Etwas höher als der Assabika-Hügel mit der Alhambra und von ihr durch eine Schlucht getrennt liegen die Gärten des Generalife auf einem kleinen Hügel, genannt Cerro del Sol, zu deutsch Sonnenhügel. Nur wenige wissen, daß diese Gartenanlagen die ältesten in Granada sind, denn gewöhnlich beginnt man mit dem Besichtigungsrundgang bei den jüngeren islamischen Gärten in der Umgebung des Alhambrapalasts. Der Generalife, der nicht als prunkvolle Residenz, sondern als ein einfaches Landhaus mit Nutz- und Lustgartenbereichen konzipiert wurde, wurde im Jahre 1319 von Sultan Isma'il (1314-1325) fertiggestellt. Er bildet den Kernbereich einer »almunia«, eines Landguts oder Gehöfts, auf dem Obst, Gemüse und Heilkräuter angebaut wurden.

Die Tatsache, daß der Generalife auf Ländereien des Sultans außerhalb der befestigten, mauerumschlossenen Anlage der Alhambra erbaut wurde, läßt darauf schließen, daß er wohl ursprünglich nicht als dauerhafte Anlage gedacht war, sondern Zug um Zug angepflanzt wurde, als mehr Land für die Nahrungsmittelproduktion benötigt wurde. Das natürliche Gefälle des Hügels wurde terrassiert, so daß man ebene und gut nutzbare Gartenflächen erhielt. Es existieren noch einige Überreste der Schutzwälle, die das Gelände früher umgaben und die uns eine Vorstellung von der ursprünglichen Größe des Landguts vermitteln. Die »acequias«, die Bewässerungskanäle, die als offene Kanäle und als unterirdisch geführte Leitungen gebaut worden waren, verteilten viermal soviel Wasser wie die Bewässerungssysteme der Alhambra; ein Hinweis darauf, daß das Wasser hier zur Bewässerung von Obst und Gemüse bestimmt war.

In den »huertas« des Generalife haben die Araber ihr profundes Wissen über den Gartenbau, das sie im Mittelalter in ganz Europa verbreiteten, nutzbringend angewandt. Dieses Wissen basierte sowohl auf praktischen Erfahrungen als auch auf theoretischen Kenntnissen. Die Übersetzungen von griechischen, nabatäischen, persischen, ägyptischen, byzantinischen und römischen Texten bildeten die Grundlage für eigene Abhandlungen über den Gartenbau.

Ursprünglich konnte man den Generalife auf zwei Wegen erreichen. Der direkte Zugang erfolgte über einen bergauf führenden Pfad, der immer noch existiert, aber kaum benutzt wird: Von der Alhambra kommend, ging man durch das Tor am Fuße der Torre de los Picos, des Turms der Berggipfel, überquerte den Camino de los Muertos, den Weg der Toten, kam in die Schlucht zwischen den beiden Hügeln, die heute die Cuesta de los Chinos, der Chinesenhang, genannt wird, und betrat den Generalife auf einer schmalen, mit Kieselsteinen gepflasterten und von hohen Mauern begrenzten Gasse, die fast wie ein Burggraben wirkt. Auf diesem laubenganghnlichen Weg konnte man schnell und unentdeckt zu der kleinen Sommervilla der Sultane gelangen, von der heute nur noch Teile existieren. Der andere Zugangsweg, der als Fuentepeña bekannt ist, wird heute als Haupteingang genutzt. Die Besucher werden zunächst durch die Gartenbereiche geführt, die erst im 20. Jahrhundert hinzugefügt worden sind. Sie erinnern in ihrem Erscheinungsbild entfernt an die ursprüngliche Funktion des Gartens.

In den Überresten der königlichen Villa findet der Besucher einen Eingangspatio mit den Resten einer schattenspendenden Weinlaube sowie eine schmale Treppe, die zum »riat« führt. »Riat« ist arabisch und heißt soviel wie »mauerumschlossener Garten«. Dieser Hof ist aber auch unter dem Namen Patio de la Acequia, Patio mit dem Wasserbecken, bekannt. Die Proportionen des Gartens sind durch das natürliche Gefälle des Geländes vorgegeben. Im Zentrum dieses langgestreckten, auf drei Seiten von Gebäuden umschlossenen Raums ist ein kreuzförmig gegliederter Garten angelegt, der von persischen Vorbildern inspiriert ist. Den Mittelpunkt bildet die fast fünfzig Meter lange und gut einen Meter breite »acequia«, ein mit Steinen eingefaßter Kanal mit fließendem Wasser. Ein Weg kreuzt den Kanal und teilt den Garten in vier Quadrate, die mit Myrten und Orangenbäumen bestanden sind. In der Mitte des Arkadengangs auf der westlichen Längsseite befand sich früher ein rosenberankter Pavillon, von dem aus der Sultan den Garten betrachten konnte. Gabriel Alonso de Herrera, der im Jahre 1513 ein Werk mit dem Titel »Libro de agricultura general« – Buch über die Grundzüge des Ackerbaus – veröffentlichte, war im Jahre 1492 als Student in Granada gewesen, dem Jahr, in dem Granada in die Hände der christ-

oben: El Generalife. Blick vom nördlichen Pavillon auf den Albaicín.
unten: El Generalife. Blick aus dem nördlichen Pavillon auf den Patio de la Acequia.

lichen Streitmächte fiel. Er schrieb, daß ihm »die wunderlichen Formen, zu denen die Mauren in Granada die Myrten in dem königlichen Palast und im Generalife schneiden«, unvergeßlich sein würden. Während der Renaissance und der Romantik wurden die Gärten und die umgebenden Gebäude sehr stark verändert. Der Gartenraum verlor an Intimität: Der Arkadengang wurde mit Erkern versehen und der Pavillon in der Mitte zu einem Belvedere umgestaltet, der einen Ausblick auf die Alhambra bietet; den königlichen Pavillon an der Nordseite des Gartenraums versah man mit einer Galerie. Die Bepflanzung ist mehrfach verändert worden. Heute sind die Beete weniger dicht bepflanzt als noch zu Beginn dieses Jahrhunderts, aber die Springbrunnen mit ihren Wasserstrahlen, die im letzten Jahrhundert in den Kanal eingebaut wurden, stören den ursprünglichen Frieden des Patio de la Acequia.

Der Weg führt den Besucher in einen weiteren mauerumschlossenen Garten, den Patio de los Cipreses oder Patio de la Sultana, den Zypressenhof oder Hof der Sultanin. Änderungen der ursprünglichen Gartenanlage wurden im 16. und im 19. Jahrhundert durchgeführt, wie die Fülle der Wasserspeier, die, von der Romantik inspiriert, neu hinzugefügt wurden. In diesem Garten wachsen große Oleanderbüsche in heckengerahmten Beetgevierten. Über eine von Mauern begrenzte Treppe gelangt man auf eine höher gelegene Terrasse, von der aus der in der Romantik angelegte Gartenbereich seinen Ausgang nimmt, der stark italienisch geprägt ist: Nicht zufällig wurde dieses schöne Landgut von der Familie Venegas als Eigentum an die Familie Grimaldi übertragen. Erst durch Vermittlung von König Alfons XIII. wurde es 1921 der spanischen Regierung zurückgegeben.

Erstaunlicherweise gibt es in diesem Bereich noch ein Gestaltungselement aus der Nasridenzeit, das fast unverändert die Zeiten überdauert hat: die Escalera del Agua,

die Wassertreppe. Sie ist relativ klein und aus einfachen Materialien erbaut: Kalk, Naturstein, Ziegel und Dachziegel. Die Treppe ist so schmal, daß gerade zwei Personen nebeneinander gehen können. Der Treppenlauf wird durch mauerumschlossene Podeste in drei Abschnitte eingeteilt. So kann man seinen Aufstieg unterbrechen und das herabplätschernde Wasser beobachten. Den Abschluß der seitlichen Begrenzungsmauern bilden grüne und türkisfarbene Dachziegel, die als Kanäle ausgestaltet sind, in denen das Wasser wild hinunterströmt. Wenn das Wasser von einem Treppenniveau in einen tiefer gelegenen Bewässerungskanal stürzt, entsteht ein laut plätscherndes Geräusch. Die Escalera del Agua verfügte früher in der Mitte noch über eine Kaskade, die irgendwann einer unglückseligen »Verbesserungsmaßnahme für die Besucher« zum Opfer fiel und entfernt wurde.

Da diese Treppe einen Durchgang zu den höher gelegenen Gartenbereichen schafft, wird hier durch das Geräusch des herabfallenden Wassers ein wichtiger Akzent gesetzt. Alle anderen Geräusche werden eleminiert und der Besucher wird auf die große Ruhe vorbereitet, die ihn am Endpunkt seines Weges erwartet.

Der weitaus größte Teil des Generalife-Gartens wurde in den fünfziger Jahren von Pietro Moreno, dem für die Alhambra zuständigen Denkmalpfleger, umgestaltet. Mehrere Terrassenebenen des Gartens wurden zusammengelegt, um für eine Freilichtbühne Platz zu schaffen. An anderer Stelle wurde der größere Bereich in Gevierte nach italienischem Stil eingeteilt. Es entstanden Gartenräume in einem pseudo-islamischen Stil mit Zypressenhecken und romantischen Wasserbecken; eine wahrhafte Orgie von Blumen und Düften. Aus dem 19. Jahrhundert sind zwei Elemente von beachtlicher Kunstfertigkeit erhalten: ein Oleandertunnel und der Paseo de los Cipreses, eine Zypressenallee, die im Jahre 1862 anläßlich eines Staatsbesuchs von Königin Isabella II. angelegt wurde. Obgleich sie inzwischen mehr als hundert Jahre alt ist, wächst diese majestätische Allee doch Jahr für Jahr zu immer größerer Schönheit.

El Generalife. Der Paseo de los Cipreses.

SEITE 142
oben: El Generalife. Der Patio de la Acequia.
unten: El Generalife. Der Patio de los Cipreses.

EL ALBAICÍN UND DER CARMEN DE LOS CIPRESES

Ort: Granada
Eigentümer: Joaquín López

Der dem Generalife und der Alhambra gegenüberliegende Hügel am Nordufer des Río Darro trägt den Namen Albaicín. Das arabische Wort »Albayzin« ist von dem Ausdruck »Rabad al Bayyazin« abgeleitet und bedeutet soviel wie »Stadtviertel auf dem Hügel«. Im 11. Jahrhundert wurden auf dem Albaicín zahlreiche Häuser, eine Moschee und eine »alcazaba«, eine Festung, gebaut. Da diese Festung früheren Datums als die Alhambra ist, war sie unter dem Namen Alcazaba Qadima oder Alte Festung bekannt. Überreste der Moschee, die als die schönste von Granada galt, kann man in der Kirche El Salvador finden, die im 16. Jahrhundert an der Stelle dieser Moschee errichtet wurde. Ein Relikt aus maurischer Zeit ist ebenfalls der mit Zitronenbäumen bepflanzte Garten. Dieses Baudenkmal wie auch der Glockenturm der Kirche San Juan de los Reyes, ein Minarett aus dem 13. Jahrhundert, sind lebhafte Beweise dafür, wie islamische und christliche Kultur hier miteinander verbunden sind. Gerade dieses gemeinsame kulturgeschichtliche Erbe macht das besondere Wesen des Albaicín aus.

Der Albaicín hat sich bis in unsere Tage sein mittelalterliches Gepräge erhalten, mit seinen Gäßchen, die so schmal sind, daß sich die Hausgiebel oben berühren und unten nicht einmal zwei Esel aneinander vorbeikommen. Wenn man von der Alhambra oder vom Generalife auf den Albaicín hinübersieht, bietet sich ein einzigartiger Blick auf ein buntes Gewebe von Häusern und Gärten. Man schaut auf ziegelrote Dächer,

blendend weiße Fassaden, und dazwischen ragen immer wieder hohe Zypressen auf. Die kleinen Häuser, die »cármenes«, in denen die Araber früher wohnten, sind von Patios, Ziergärten sowie Obst- und Gemüsegärten umgeben und von hohen Mauern umschlossen, welche die Grundstücke gegen die engen, gewundenen und unglaublich steilen Gassen abgrenzen, die manchmal fast wie Treppen wirken. Doch gerade diese Kleinräumigkeit und Kleinteiligkeit macht die Stadtlandschaft des Albaicín so außerordentlich lebendig.

El Albaicín.

Der »carmen« ist typisch für Granada, wie es der »can« für Katalonien ist, der »son« für Mallorca, der »cigarral« für Toledo, der »pazo« für Galicien, die »masía« für Valencia und der »hocino« für Cuenca. All diese Ausdrücke bezeichnen kultiviertes Land, das jeweils seine spezifischen regionalen Merkmale aufweist. Das Wort »carmen« ist im 16. Jahrhundert aus dem arabischen Wort »karm« ins Kastilische übernommen worden und bedeutet Weinstock oder Weinberg. Ein »carmen« ist ein relativ kleines, gut geschütztes Haus mit einem Ziergarten und einem »huerto«, einem Gemüsegarten. In diesem Buch wird häufig beklagt, daß die traditionellen »huertos« mit ihrer Mischung aus Obstbäumen, Gemüse, Heilkräutern und dekorativen Pflanzen verschwinden, selbst wenn es sich um »restaurierte« Gärten handelt. Glücklicherweise ist im Carmen de los Cipreses der »huerto« erhalten geblieben.

Man findet diese verstreut liegenden »cármenes« überall in der »vega«, der frucht-

Carmen de los Cipreses. Die »alberca«, das Wasserbecken.

unten links: Carmen de los Cipreses. Der »mirador«, der Aussichtsturm.
unten rechts: Carmen de los Cipreses. Die Pergola.

baren Ebene, und auf den Hügeln rund um Granada. Die an den terrassierten Hügeln gelegenen »cármenes« sind als Reihen von schmalen, sich überlagernden Ebenen angelegt. Nach der Reconquista überlebte die spanisch-islamische Tradition den allgemeinen Verfall der ländlichen Strukturen im 17. und 18. Jahrhundert. Im 19. Jahrhundert erweckte ein leidenschaftlicher, romantisch-verklärender Orientalismus die »cármenes« zu neuem Leben und feierte sie als die für Granada typischen Wohnhäuser. Der Albaicín ist übersät mit diesen kleinen Anwesen, die von hohen, weiß gekalkten und blumenberankten Mauern umschlossen werden. Hinter den Mauern rekken Bäume ihre fruchtbeladenen Äste gen Himmel. Jedes Anwesen für sich ist eine kleine Welt voller Wunder und Kostbarkeiten, zu denen auch der Blick auf die Alhambra gehört.

Der Carmen des los Cipreses ist ein vollendetes Beispiel. Das kleine Haus ist um einen Patio mit dem für Granada typischen schwarzweißen Pflasterbelag organisiert. Die oberen Geschosse öffnen sich zu Laubengängen, von denen man den Hof überblicken kann, dessen efeuberankte Mauern ein Gefühl von üppigem Grün, Kühle und Schatten hervorrufen. Hinter dem Haus ist der Hang terrassenförmig angelegt. Ein kleiner Hain mit Zypressen steht schützend um die größte und höchstgelegene Ebene des Gartens, wo die »alberca« liegt, die das ganze Anwesen mit Wasser versorgt. Hier findet man eine Vielzahl fruchttragender Bäume, wie zum Beispiel Dattelpalmen, Kakipflaumen, Orangenbäume, Japanische Mispeln und einen »emparrado«, eine Weinlaube, neben Immergrünen Magnolien. Die Pergola, die der Terrasse Schatten spendet und eine großartige Aussicht auf die Alhambra bietet, ist mit Banksrosen berankt. Hier, in diesem Garten, versammelte Ende des letzten Jahrhunderts der damalige Besitzer, Nicolás María López, einen offenen literarischen Zirkel, zu dem auch sein Freund, der berühmte Schriftsteller Angel Ganivet (1865-1898), gehörte.

Umgeben vom Duft des Jasmins und der Rosen, steigt man über kurze und schmale Treppen von Ebene zu Ebene hinab. Gegen Ende des Gartens bestimmen neben Lorbeerbüschen und Gemüsebeeten vor allem Obstbäume das Bild – Granatäpfel, Quitten, Feigen, Orangen und Birnen.

Carmen de los Cipreses. Blick von der Pergola auf die Alhambra.

CARMEN DE LA FUNDACIÓN RODRÍGUEZ ACOSTA

Ort: Granada
Eigentümer: Junta de Andalucía

Am Südhang des Assabika-Hügels in Granada liegen mehrere Villen, von denen man einen weiten Ausblick über die Vega und auf die Sierra Nevada hat. An der steilsten Stelle, die unter dem Namen Monte Mauror bekannt ist, baute sich der Maler José Rodríguez Acosta in den Jahren 1914 bis 1920 eine bemerkenswerte Villa mit Atelier. Nach Acostas Tod im Jahre 1941 wurde das Gebäude in ein Museum umgewandelt. Der Carmen de la Fundación Rodríguez Acosta ist eine Schöpfung ganz aus dem Geist des 20. Jahrhunderts, aber durch die bedeutende Sammlung antiker Skulpturen wird zugleich auch die Erinnerung an die Kultur des kaiserlichen Roms wachgerufen.

Hohe abgetreppte Mauern folgen dem jäh abfallenden Geländeverlauf, die einzelnen Gartenhöfe sind von Arkaden umschlossen. Haus und Garten sind hier fast gleichermaßen aus einem architektonischen Gefühl heraus entwickelt. Dies geht so weit, daß der vegetative Aspekt der Pflanzen fast verleugnet wird. Der einzige klare Unterschied zwischen den vom Menschen errichteten Mauern und den natürlich gewachsenen Raumbegrenzungen ist durch die Farbe gekennzeichnet. Die Farbe Weiß steht für das Haus in seiner Klarheit und Abstraktion; die Farbe Grün steht für den Garten, geheimnisvoll, tiefgründig und voller Leben.

In diesem streng gestalteten, an die Villa Hadriana erinnernden Garten feiern Zypressen und Buchsbaum wahre Triumphe. Es fällt dem Besucher leicht, sich hier antike Philosophen vorzustellen, die in diesen von Duft erfüllten Räumen disputieren. Kein anderer Baum als die Zypresse kann eine derartige Höhe erreichen, ohne dabei die Aussicht zu beeinträchtigen; außerdem besitzt sie einen so klar geschnittenen, fast topiarischen Umriß, der an das römische Erbe der Ars topiarium denken läßt, die eine wichtige Grundlage der spanischen Gartenkunst ist. Grüne, architektonisch gestaltete Pavillons antworten auf die geometrischen Formen des Haupthauses. Sie beginnen am Fuß des Gebäudes und entwickeln sich terrassenförmig den Hügel hinunter, so daß der räumliche Eindruck des Geländes auf spektakuläre Weise übersteigert wird. Die Pavillons öffnen zwar den Blick in die weite Landschaft, aber die Intimität eines maurischen Gartenhofs bleibt trotzdem gewahrt.

Rodríguez Acosta suchte für jedes Kunstobjekt seiner Sammlung einen geeigneten Platz im Haus oder Garten: für die vielen Säulen aus dem 16. und 17. Jahrhundert sowie aus der Nasridenzeit; für die römischen und barocken Skulpturen, unter denen sowohl Originale als auch Kopien sind; für die Architekturfragmente aus dem Mittelalter und der Renaissance. Es ist kein Wunder, daß die Anlage heute ein Museum ist, denn sie war schon von Anfang an zu Ausstellungszwecken konzipiert worden; die Sammlungen waren von Anbeginn Bestandteil der Gesamtkonzeption.

Carmen de la Fundación Rodríguez Acosta.

Carmen de la Fundación Rodríguez Acosta. Statue der Venus.

Carmen de la Fundación Rodríguez Acosta. Statue der Diana.

JARDINES DE NARVÁEZ

Ort: Loja
Eigentümerin: Julia Díaz Berbel de Díaz Jiménez

Jardines de Narváez.

Der Garten von Narváez gründet seinen Ruhm vor allem auf seinen ehemaligen Besitzer, den General Ramón María de Narváez, Herzog von Valencia (1800-1868), der in Loja geboren wurde und seine letzte Ruhestätte in der Kapelle des Anwesens fand. Der Garten ist ein treffliches Beispiel für einen andalusischen »cortijo« mit einem Wohnhaus für die Besitzer und Ländereien, die hauptsächlich der Kultur von Olivenbäumen dienen. Zum Anwesen gehört des weiteren eine »huerta«, ein Obst- und Gemüsegarten, die nach alter islamischer Tradition über kleine Kanäle bewässert wird; auch die Reste einer alten Mühle existieren noch. Die Mauern des soliden zweigeschossigen Hauses sind weiß gekalkt; das Dach ist mit arabischen Ziegeln gedeckt.

Es ist besonders der romantische Garten des Anwesens mit seiner typisch spanischen Ausprägung, der den Besucher anzieht. Er wurde zu Lebzeiten von General Narváez geschaffen. Der Garten erstreckt sich hinter dem Haus parallel zu der »huerta«, von der ihn ein älterer Gartenbereich, der »Jardín Antiguo«, trennt. Dieser Lustgarten ist mit zahlreichen Brunnen ausgestattet; er wird durch zwei Wege in Form von Tunneln aus Lorbeerbüschen erschlossen. Sehr bemerkenswert sind die in freien Formen angelegten, von sauber beschnittenen Buchshecken gesäumten Beete.

Es war während des 19. und zu Beginn des 20. Jahrhunderts ein Merkmal der romantischen Gartenkunst in Spanien, Hecken aus traditionellen Gehölzarten in geschwungenen und zum Teil recht willkürlichen Formen zu schneiden. Die kleinen, heckengerahmten Beetinseln von Narváez mit ihren eklektischen Pflanzensammlungen sind alle so zusammengestellt, daß sie auf einem kleinen ebenen Gelände Platz finden. Sie sind eine spanische Variante der großen, von bewegten Rasenflächen umgebenen Inselbeete, die man aus den englischen Landschaftsgärten des späten 18. Jahrhunderts kennt.

PATIOS IN CÓRDOBA

In Córdoba scheint die merkwürdige Regel zu gelten, daß die Größe des Patios – ein tatsächlich bei allen Wohnhäusern vorhandenes Architekturelement – fast immer in umgekehrtem Verhältnis zur Zahl der Bewohner eines Hauses steht. Das soll nicht heißen, daß es in der Stadt keine Patios in der Art römischer Peristyle mit einem von Säulenreihen oder Arkaden umschlossenen Hof gibt, wie sie für Sevilla charakteristisch sind. Im allgemeinen ist man hier aber eher damit zufrieden, die Erinnerung an das römische Atrium wachzurufen, indem man eine bescheidene offene Zone schafft, die zwischen den Innenräumen und der Straße vermittelt. Die engen Gassen und kleinen Häuser von Córdoba haben oft kleine Patios, die einerseits als intime Bühne für die Dramen des täglichen Lebens dienen, andererseits als öffentliche Räume fungieren, in denen die Bewohner des Hauses Besucher empfangen. Ein feiner sozialer Verhaltenskodex – sei es ein verschlossenes Hoftor, eine angelehnte Tür oder ein heruntergelassener Vorhang – hilft Spannungen zu vermeiden, die aus diesen beiden mitunter unvereinbaren Nutzungen entstehen können. In den ausgefeilten Gartenentwürfen von Roberto Burle Marx (1909-1995) kann man ein fernes Echo dieser kleinen Patios von Córdoba mit ihren sehr unterschiedlichen »Bepflanzungen« entdecken. Den typischen Patio findet man übrigens im Arbeiterviertel der »Judería«, dem altem Judenviertel von Córdoba.

Die kleinen Patios von Córdoba sind tatsächlich wie eine Bühne, und wie auf der Bühne wird jedes Element in seiner Bedeutung überhöht: die Türen, die Treppen (wenn es mehr als eine gibt, dann auch die Galerie im Obergeschoß), die Fenster, die sich zum Patio öffnen, der Brunnen, zumeist ein Springbrunnen, und ein Wasserbekken. Die Hauptrollen spielen die Frauen, denn sie erledigen hier im Hof einen Großteil ihrer Hausarbeit. Die gestalterische Einfachheit und Strenge der Patios wird in Córdoba durch eine Fülle von Blumenschmuck kompensiert.

Die kleinen Höfe werden aufs sorgfältigste gepflegt. Sie werden ständig gefegt, gewischt und gekalkt – dies alles mit einer fast rituellen Inbrunst. Durch den Patio laufen sehr viele Menschen, weshalb die mit Kieseln gepflasterte Hoffläche nur selten dazu geeignet ist, Bereiche für Gartenbeete freizuhalten. So werden auf jedem freien Flecken Blumentöpfe aufgestellt. Gibt es keinen Platz mehr auf dem Boden, werden sie an den Wänden befestigt, so daß hängende Gärten entstehen. Die meist rot und rosafarbenen, intensiv duftenden Blüten harmonieren mit den grünen Blättern und stehen in starkem Kontrast zu dem weißen Gebäudehintergrund.

Bei Hitze müssen diese Töpfegärten täglich in mühseliger Arbeit bewässert werden. Der typisch spanische Brauch des Töpfegartens wird besonders durch eine Pflanze charakterisiert, die Geranie oder genauer gesagt die Pelargonie (Pelargonium peltatum, P. zonale und P. x domesticum), die ursprünglich aus Südafrika kommt. In den Töpfen, die auf dem Boden stehen, wachsen Nelken (Dianthus carophyllus), Fleißige Lieschen (Impatiens Wallerana), Wandelröschen (Lantana Camara), Calla und Zyperngras (Cyperus alternifolius). Wenn es im Patio ein kleines Wasserbecken gibt, dann stehen am Beckenrand mit Sicherheit Basilikum und Minze. In einer Ecke rankt, sich an allem Möglichen festhaltend, duftender Jasmin (Jasminum officinale und Cestrum nocturnum) in die Höhe.

Jedes Jahr findet Mitte Mai in Córdoba das Fest des Cruz de Mayo – des Maikreuzes – statt, das sich großer Beliebtheit erfreut. Bei dieser Gelegenheit werden die schönsten der aufgestellten Blumenkreuze mit Preisen ausgezeichnet.

Patios in Córdoba.

PATIO DE LOS NARANJOS

Ort: Sevilla
Eigentümer: Erzbistum Sevilla

Blick von der Giralda, dem Turm der Kathedrale von Sevilla, auf die Reales Alcazares.

SEITE 157
Patio de los Naranjos.

Zur Zeit der Almohadendynastie, unter der Herrschaft von Kalif Abu Ya'cub Yusuf, wurde im Jahre 1172 mit dem Bau der Moschee von Sevilla begonnen. Der Kalif ließ sie nach dem Vorbild der Großen Moschee von Córdoba errichten, die ihm aus seiner Kinderzeit in lebhafter Erinnerung war. Nachdem Sevilla im Jahre 1248 von König Ferdinand III. von Kastilien und León (1217-1252) zurückerobert worden war, wurde die Moschee als christliche Andachtsstätte genutzt. Im 15. Jahrhundert wurde sie durch den Bau der Kathedrale fast vollständig zerstört. Nur das Minarett, das zum Kirchturm wurde, und der Patio de los Naranjos, der früher als Vorhof der Moschee diente, blieben erhalten.

Das hundert Meter hohe Minarett, von dem früher die Gläubigen zum Gebet gerufen wurden, hatte ursprünglich eine sich nach den vier Himmelsrichtungen orientierende Dachterrasse als Abschluß. Vier goldene, übereinander angeordnete Kugeln, deren Durchmesser immer kleiner wurde und deren Glanz weithin sichtbar war, bildeten den schmückenden Abschluß. An ihrer Stelle findet man heute die berühmte bemalte Wetterfahne, den 1568 angebrachten »giraldillo«, die zum Wahrzeichen der Stadt Sevilla wurde und dem Turm einen neuen Namen gab – La Giralda.

Auch der Patio selbst ist stark verändert. Er grenzt an die gotische Kathedrale, ohne daß es einen Zugang vom Hof in die Kirche gibt. Der von hohen Mauern umschlossene Vorhof stimmte auf den Besuch der Moschee ein und bereitete die Gläubigen auf das Gebet vor. Mit Hufeisenbögen gestaltete Wände rahmten den Patio auf drei Seiten; auf der vierten Seite öffneten sich ähnlich gestaltete Bögen als Durchgänge zur Moschee. Vom Inneren der Moschee konnte man auf die schönen Bäume blicken, die den Vorhof schmückten. In allen Außenmauern gab es Zugänge zum Patio. Heute ist nur noch die »Puerta del Perdón«, das Tor der Vergebung an der Nordseite, erhalten, allerdings in einer stark veränderten Form. Der sehr schön und zurückhaltend mit Ziegeln gepflasterte Hof, der auf einen Springbrunnen in der Mitte orientiert ist, ist Ausdruck des hochentwickelten Sinns der Almohaden für strenge Einfachheit.

Der Patio de los Naranjos ist rasterförmig mit langen Reihen von Orangenbäumen bepflanzt, die, ebenso wie in Córdoba, früher eine Fortsetzung des Stützenrasters im Inneren der Moschee darstellten. Der Patio ist von einem rasterförmigen Kanalsystem durchzogen, mit dessen Hilfe jeder Baum bewässert werden kann. Der Patio de los Naranjos symbolisiert die im Koran enthaltene Zusage, daß die Gläubigen mit Früchten, Blumen, Schatten und Wasser belohnt werden. Früher war der Hof mit Oliven, Zypressen und Dattelpalmen bepflanzt. Sie wurden in unserem Jahrhundert durch die Orangenbäume ersetzt.

Von der Giralda kann man auch die »Reales Alcázares« sehen, die früher den maurischen Königen als befestigte Residenz dienten. Die berühmten maurischen Gärten sind seit ihrer Entstehungszeit sehr stark verändert worden.

Am 27. September 1483 erwarben der damalige Gouverneur von Andalusien, Pedro Enríquez, und seine Frau Catalina de Ribera in Sevilla ein Anwesen, zu dem eine »huerta«, ein Obst- und Gemüsegarten, eine Mehlmühle und ein kleiner Wasserlauf gehörten. Letzterer wurde von dem römischen Aquädukt Caños de Carmona gespeist, was die hohe Wertschätzung der Eigentümer und den großen Wert der »huerta« bezeugt, da fließendes Wasser früher Eigentum des Königs war und seine Nutzung ein außerordentliches Privileg darstellte. Bald jedoch genügte das Anwesen den Ansprüchen der mächtigen Familie Ribera nicht mehr, die deshalb 1484 ein angrenzendes Gelände mit einem Palast und einer Gartenanlage von der Familie Pinedas erwarb. Die Pinedas benötigten damals dringend Lösegeld, um einen ihrer Söhne, der von den Mauren in Granada als Geisel gefangengehalten wurde, auszulösen. Beide Anwesen wurden vereint und neu geteilt: auf einer der Hälften entstand die Casa de Pilatos.

Die prachtvolle Ausstattung der Casa de Pilatos ist vor allem Fadrique Enríquez de Ribera, dem ersten Marquis von Tarifa, zu verdanken. Viele der Arbeiten gab er während einer ausgedehnten Italienreise in Auftrag, auf der er Künstler und Werke der italienischen Renaissance kennenlernte. So kam es, daß Antonio María Aprile aus Genua im Jahre 1529 den Auftrag für die Gestaltung zahlreicher Säulen, zweier Springbrunnen, eines Portals und der Familiengrabstätte erhielt. Als am Ende des 16. Jahrhunderts Per Afan Enríquez de Ribera Vizekönig von Neapel wurde, ließ er griechische und römische Skulpturen aus Italien in die Casa de Pilatos schicken. Aus dieser Zeit stammen auch der Ziergarten, den der Architekt Benvenuto Tortello anstelle des ehemaligen Obst- und Gemüsegartens anlegte, sowie Galerien und Loggien, die dem Gebäude angefügt wurden. Der Ziergarten ist heute unter dem Namen Jardín Grande, Großer Garten, bekannt. Das Wohnhaus erhielt seinen ungewöhnlichen Namen als Folge einer Pilgerreise des ersten Marquis nach Jerusalem im Jahre 1519, da diese Reise das Gerücht aufkommen ließ, der Grundriß des Prätoriums von Pontius Pilatus in Jerusalem hätte als Vorbild für den Bau den neuen Palasts gedient. Ursprünglich trug das Haus den Namen des Schutzheiligen der Familie, »Palacio de San Andrés«. Der Palast ist ein Meisterwerk spanischer Architektur des 16. Jahrhunderts, in dem sich Elemente der Gotik, des Mudéjarstils und der Renaissance in völliger Harmonie mit Einflüssen des Christentums, des Islam und des Humanismus verbinden. Als Fernando Enríquez de Ribera, der dritte Herzog von Alcalá de los Gazules und Sohn des Vizekönigs, den Palast zu seinem ständigen Wohnsitz wählte, erweiterte er das Gebäude. Er benötigte Platz für die Unterbringung seines kleinen Hofstaats, der aus 33 Personen bestand und zu dem Ärzte, Musiker, Astrologen und Bibliothekare gehörten, die sich um seine ausgesuchte Sammlung klassischer Handschriften kümmerten. Zu seiner Zeit war der Palast ein Zentrum spanischer Kultur, wo die führenden Maler und Schriftsteller, unter ihnen auch Miguel de Cervantes (1547-1616), ein und aus gingen.

Die Casa de Pilatos kam in den Besitz der Familie Medinaceli, als im Jahre 1625 die letzte weibliche Nachfahrin der Familie Ribera, Ana Luisa Enríquez de Ribera, Juan Luis de La Cerda, den siebten Herzog von Medinaceli, heiratete. Heute residiert die jetzige Herzogin von Medinaceli in der hervorragend restaurierten Casa de Pilatos. Hier befindet sich auch das Familienarchiv mit seinen zum Teil mehr als tausend Jahre alten Dokumenten und Schriftstücken. Es ist die wohl bedeutendste Sammlung dieser Art in Spanien.

Der große Platz vor dem Haupteingang des Palasts ist eigentlich der erste von drei Höfen, die einander in ihrer Ausgestaltung übertreffen. Dieser Platz war früher Teil des Anwesens und konnte nachts abgeschlossen werden. Vor den Augen der Zuschauer in den Loggien und auf den Balkonen des Hauses wurden hier auf diesem Platz Feste gefeiert sowie Spiele und Pferdeparaden abgehalten; hier fanden Stierkämpfe statt und wurden religiöse Feierlichkeiten vollzogen. Vom Platz aus durchschreitet man ein Triumphtor und gelangt in einen Vorhof mit dem Namen »Apeadero«, was soviel wie »Trittstein zum Besteigen des Pferdes« bedeutet. In früheren Zeiten fuhren hier auf dem mit Kieselsteinen gepflasterten Hof die Pferdekutschen vor. Kolonnadengänge führen zum Haus und bieten Schutz vor Sonnenhitze und Regen. Entlang der Wände sind nach mittelalterlicher Tradition Orangenspaliere

CASA DE PILATOS

Ort: Sevilla
Eigentümer: Fundación de la Casa Ducal de Medinaceli

Casa de Pilatos. Der Apeadero-Hof.

oben links: Casa de Pilatos. Der Hauptpatio.
oben rechts: Casa de Pilatos. Statue der Minerva.

gezogen. Bougainvillea ranken in den Ecken des Patio an den Wänden empor und hängen von den Galerien herunter, so daß zur Zeit ihrer Blüte die Zwischenräume zwischen den Säulen der Kolonnadengänge mit einer Fülle von purpurfarbenen Blättern ausgefüllt sind. Von dem »Apeadero« gelangt der Besucher in den Hauptpatio des Hauses, der von einer zweigeschossigen Galerie umschlossen wird. Die Marmorsäulen der Arkadengänge sind der Renaissance nachempfunden, tragen aber Bögen im Mudéjarstil. Die Balustrade greift gotisches Maßwerk auf. Die Innenwände der Arkadengänge und die Räume im Erdgeschoß sind mit »azulejos« verkleidet, den für Andalusien typischen blauen Kacheln, und mit komplizierten Stuckarbeiten verziert, die im Spanischen »yesería« heißen.

Jenseits dieses Patios sind zwei Gärten angelegt: der Jardín Grande und der Jardín Chico, der Große und der Kleine Garten. Der Jardín Grande ist nach Nordwesten orientiert und befindet sich auf dem ehemaligen Gelände der »huerta«. Im Grundriß bildet er ein unregelmäßiges Rechteck. Der Architekt Benvenuto Tortello baute an den Schmalseiten jeweils eine Loggia, in denen die Skulpturensammlung ausgestellt wurde. An einer der Längsseiten befand sich ein »cenador«, ein eingeschossiger Pavillon mit einem Säulengang, von dem man einen Ausblick auf den Garten hatte. Rasterförmig angelegte Wege unterteilen den Gartenraum in noch kleinere Rechtecke, die den Vorstellungen des vergangenen Jahrhunderts entsprechend bepflanzt und mit Hecken aus japanischem Spindelstrauch (Euonymus japonica) eingefaßt sind. In diesem Garten wachsen – für ihr Alter erstaunlich hohe – Hanfpalmen, Dattelpalmen, Washingtoniapalmen, Howeia-Palmen (Howea Forsterana) und Immergrüne Magnolien. Auf einer tiefer gelegenen Gartenebene findet man als fernen Anklang an die ehemalige »huerta«, die sich hier einmal befand, Pomeranzen- und Zitronenbäume sowie Bananenpflanzen. Die rote Fülle der Bougainvillea der Sorte

Casa de Pilatos. Azulejos schmücken den Eingang zum Jardín Grande.

Casa de Pilatos. Der Jardín Grande.

B. x Buttinana »Crimson Lake« ist ebenso spektakulär wie das Weiß des großblumigen Jasmin (Jasminum grandiflorum), das Gelb des Jasminum fructicans und das helle Blaulila der Glyzinien (Wisteria simesis). Der Boden ist bedeckt mit Rosen, dazwischen wachsen Clivien und verschiedene Sorten von Garten-Canna (Canna x generalis).

Im 19. Jahrhundert wurde in der Mitte des Gartens über einer italienischen Brunnenschale eine Kuppelkonstruktion aus Schmiedeeisen errichtet, die von einem Schleier aus Jasmin berankt wird. So entstand hier eine »glorieta«, eine Gartenlaube, die das Herz der Gesamtkomposition dieses Gartens bildet.

Auf der anderen Seite des Wohnhauses liegt, nach Südwesten orientiert, der Jardín Chico, der Kleine Garten, der in den ersten Jahren des 20. Jahrhunderts angelegt wurde. Er ist insbesondere wegen seines »zaquizamí« erwähnenswert. Dieses Wort aus dem granadinischen Arabisch bezeichnet ein kleines Häuschen mit Holzdach. Der Innenraum dieses kleinen Hauses, der »Salón Dorado«, in dem bedeutende Skulpturen der klassischen Antike ausgestellt sind, ist ebenso eindrucksvoll wie der Blick in den Garten durch das wunderschöne schmiedeeiserne Gitter im Plateresken-Stil. Der Garten ist als eine Folge von vier kleinen Gartenhöfen, die auf unterschiedlichem Niveau liegen, zu beiden Seiten der »alberca« angelegt. Die Gartenhöfe sind geometrisch angeordnet. Buchsbaumhecken umschließen Palmen, Jacaranda, Magnolien, Cycas und rosafarbene Rosenbüsche. Der Azulejo-Wandschmuck und die Blumentöpfe mit Geranien, die man in so vielen andalusischen Häusern findet, kommen hier besonders wirkungsvoll zur Geltung. An den Kreuzpunkten der Wege sind weitere römische Statuen aufgestellt. Sie sind Symbole der adeligen Herkunft der Besitzerfamilie, die sich in einer Linie bis zu König Alfons X. von Kastilien und León (1252-1284) zurückverfolgen läßt, während die andere, französische Linie bei König Ludwig IX. (1226-1270) beginnt. Die Casa de Pilatos wurde am 3. Juni 1931 zum historisch und künstlerisch bedeutenden Baudenkmal erklärt.

Casa de Pilatos. Die »glorieta«, die Gartenlaube, im Jardín Grande.

Casa de Pilatos. Das kunstvolle Gitter in der Fensteröffnung des Salón Dorado.

LOS LLANOS

Ort: Marbella
Eigentümerin: Gräfin von Los Llanos und Larisch

María de Salamanca y Lafitte ist eine Institution an der Küste von Marbella. Sie ist die Urenkelin des Marquis von Salamanca (1811-1883), eines Politikers und Bankiers, dessen Name mit den fortschrittlichsten Unternehmungen des 19. Jahrhunderts verbunden ist. Zu den Besitzungen der Familie gehört auch ein Jagdsitz in der Provinz Albacete mit dem Namen »Los Llanos«, was soviel wie »Die Ebenen« bedeutet. María de Salamanca wählte diesen Namen auch für ihr Haus in Marbella, wo sie seit einigen Jahren wohnt.

María de Salamanca ist bekannt für ihre Liebe zu Pflanzen und ihre Sachkenntnis in der Gartenkunst. Sie war lange Jahre Präsidentin des Spanischen Roten Kreuzes, heute ist sie Präsidentin des Club de Jardínes de la Costa del Sol, des Gartenklubs der Costa del Sol. Diese Organisation hat dank ihrer Arbeit heute siebenhundert Mitglieder aus 28 Nationen. Neben der Vermittlung von praktischen Ratschlägen für die Gartengestaltung und der Organisation von Pflanzentauschbörsen für die Mitglieder arbeitet María de Salamanca mit großem Engagement an der Zusammenstellung des Klubprogramms, das Kurse, Vorträge, Gartenbesuche und Wettbewerbe umfaßt.

So überrascht es nicht zu erfahren, daß María de Salamanca einen eigenen sehr schönen Garten besitzt, den sie in Zusammenarbeit mit Gerald Huggan geplant hat. Gerald Huggan, ein britischer Gartendesigner, kam vor etwa dreißig Jahren nach Spanien, weil er den Auftrag für die Gartengestaltung der Wohnanlage Los Monteros de Golf erhalten hatte. Diese Wohnanlage gehört zu den innovativsten Wohnungsbauprojekten von Marbella. Huggan führte bei seinen Projekten viele afrikanische Pflanzenarten ein, die in den neueren Gartenanlagen Südspaniens eine bedeutende Rolle spielen.

Der Garten von Los Llanos ist auf einem rechteckig zugeschnittenen, 12 000 Quadratmeter großen Hanggrundstück angelegt, das einen herrlichen Ausblick auf den Berg La Concha bietet, der das Panorama von Marbella beherrscht. Eine breite Rasenfläche schwingt sanft den Hügel hinauf zu dem ungewöhnlich langgestreckten, niedrigen Baukörper des Hauses, das auf dem höchsten Punkt im nördlichen Teil des Anwesens liegt. Das großflächige, breite Dach ist mit Mönch-und-Nonne-Ziegeln gedeckt, wie sie für viele Häuser in Andalusien typisch sind. Die Linienführung des Dachs scheint die Form des dahinterliegenden Felsmassivs aufzunehmen. An der Südseite des Wohnhauses rahmen Beete die große Rasenfläche aus St.-Augustine-Gras (Stenotaphrum secundatum); eine Grassorte, die in vielen spanischen Gärten am Mittelmeer verwendet wird, weil sie das Seeklima gut verträgt. Das Problem, wie man den unvermeidlichen Swimmingpool in die Planung einbeziehen konnte, ohne daß er unangenehm auffällt, löste man, indem er an die tiefste Stelle des Grundstücks gelegt wurde. So entstand vor der Südseite des Wohnhauses ein großer offener Bereich, wo die Kinder spielen können.

Die Beete am Rande der Rasenflächen, in denen über fünfhundert Pflanzenarten gedeihen, hat die Besitzerin mit einem guten Blick für die Zusammenstellung von Farben, Formen und Texturen angelegt. In der Kunst, Rabatten aus Einjährigen, Stauden und Gehölzen zu gestalten, war die englische Gartenkünstlerin Gertrude Jekyll (1843-1932) das große Vorbild. Hier in Spanien gewinnt diese Kunst an Bedeutung, denn zu den herkömmlichen Pflanzen kommen viele exotische Arten hinzu. In Los Llanos sind es der immergrüne Strauch Medinilla magnifica von den Philippinen, Drachenbaumagaven (Agave attenuata) aus Mexiko, Korallensträucher (Erythrina crista-galli) aus Lateinamerika, der Flamboyant-Baum (Delonix regia) aus Madagaskar, Bauhinias aus China und Indien, der blaue Natternkopf (Echium fastuosum) von den Kanarischen Inseln, Flammenbäume (Brachychiton acerifolius) aus Australien, Godetien oder Atlasblumen (Clarkia amoena) aus Kalifornien, Fuchsien – im Spanischen auch »Ohrringe der Königin« genannt – aus Guatemala und Bolivien, gelbe, pinkfarbene, purpurrote und orangefarbene Lampranthussorten aus der Kap-Provinz in Südafrika und der herrliche Blütenteppich des Eiskrauts (Mesembryanthemum crystallinum).

Zu beiden Seiten des Eingangsbereichs zum Wohnhaus liegt ein sehr schöner Rosengarten. Die Beete sind mit beschnittenen Pompomrosen gerahmt. Hier wachsen etwa fünfzig verschiedene Rosensorten, fast alle weißblühend; darunter auch die spanische Züchtung »Snow Fairy« aus dem Jahre 1963 von Cipriano Camprubi Nadal.

oben: Los Llanos. Blick auf das Wohnhaus vom Garten aus mit dem Berg La Concha im Hintergrund.
unten: Los Llanos. Der Swimmingpool.

Man muß sich schon ein Stück von der Hauptküstenstraße entfernen, um die Wohnanlage La Cascada de Camogan zu finden. Sie liegt auf einem Felsvorsprung in der Nähe einer Schlucht. Ein ganze Reihe von Gärten in Marbella bieten einen Ausblick auf den La-Concha-Berg in der Ferne, der für das Stadtpanorama so bestimmend ist. Im Falle von La Sardinella, der Name bedeutet auf Italienisch »Kleine Sardine«, haben die Eigentümer den Berggipfel praktisch erklettert.

La Sardinella gehört dem deutsch-schweizerischen Bankier Joseph Magnus Matter, der einen Großteil des Jahres in der Schweiz wohnt. Die heitere Extrovertiertheit, die mit Bougainvillea berankten, weiß gekalkten Mauern und die zum Obergeschoß führenden Außentreppen weisen darauf hin, daß der mit der Planung beauftragte italienische Architekt sich vom Geschmack der brasilianischen Bauherrin Wilma Lindomar da Silva beeinflussen ließ. Das Haus unterscheidet sich in seiner Architektur von einem normalen spanischen Haus, das traditionsgemäß nach innen orientiert ist und es vermeidet, nach außen groß in Erscheinung zu treten.

Der großzügige Empfangspatio vor dem Wohnhaus ist mit Ziegeln gepflastert, die in einem hübschen Muster verlegt sind, und wird von Zypressen gerahmt. In der Mitte des Patios befindet sich ein kleiner, maurisch inspirierter Springbrunnen, um den Töpfe mit rosafarbenen Geranien gruppiert sind. Durch einen Torbogen im Stil neuerer italienischer Villen gelangt man in einen von Arkaden umschlossenen Patio. Der Springbrunnen in der Mitte dieses Innenhofs erinnert an Vorbilder aus der florentinischen Renaissance. Das Becken ist von einer niedrigen Mauer umgeben, auf deren Ecken Blumentöpfe mit Weihnachtssternen plaziert sind; in der Mitte des Brunnens erhebt sich ein kleiner wasserspeiender Pinienzapfen. Wirft man von hier aus einen Blick zurück zum Eingang, sieht man den La-Concha-Berg. Schaut man nach Süden, blickt man durch die große Fensteröffnung des Wohnzimmers auf den in einer Rasenfläche gelegenen Swimmingpool und, in der Ferne, auf das Mittelmeer, dessen Blau mit dem Wasser des Pools konkurriert.

LA SARDINELLA

Ort: Marbella
Eigentümer: Joseph Magnus Matter und Wilma Lindomar da Silva

SEITE 166
oben: La Sardinella. Der Empfangspatio.
unten: La Sardinella. Der Innenhof.

La Sardinella: Die Gartenansicht.

La Sardinella: Der Bach.

Eines der eindrucksvollsten Elemente dieses Gartens ist ein breites Beet mit Blumen, die in warmen Farbtönen blühen und die das Sonnenlicht auf der Südseite des Hauses förmlich aufzusaugen scheinen. Das etwas angehobene Beet unmittelbar unterhalb der Terrasse ist durch eine niedrige Stützmauer vom Rasen getrennt. Es ist so dicht mit Canna, Bougainvillea, Geranien und Tagetes bepflanzt, daß man fast meinen könnte, die Pflanzen hätten nur Blüten und keine Blätter. Auf der Ostseite der großen angehobenen Rasenfläche unterhalb des Wohnhauses fließt ein künstlich angelegter Bach, an dessen Ufer eine Reihe von Avocado-Bäumen wächst, die mit Weihnachtssternen unterpflanzt sind. Der Bach nimmt seinen Lauf über eine Folge von malerisch angeordneten Felsstufen und mündet in der südwestlichen Ecke des Anwesens in einen Teich. Das fließende Wasser wird von einer reizvollen Bepflanzung mit Bodendeckern begleitet. Vor allem wächst hier Portulak (Portulaca grandiflora), dessen Blüten sich nur bei direkter Sonneneinstrahlung öffnen. In der Nähe gedeiht eine Sammlung einheimischer oder seit langem akklimatisierter exotischer Obstbäume wie Chirimoyas, Kokospalmen, Äpfel-, Orangen- und Olivenbäume – ein Überbleibsel des Obstgartens, der einmal an dieser Stelle stand.

Die besondere Überraschung des Gartens ist sicherlich der Teich, der mit seiner rustikalen Brücke und seinem winzigen Inselchen im Schatten des La-Concha-Berges liegt. Die Kombination von Seerosen, Trauerweiden und Agaven mag den Besucher ein wenig verwirren, doch ist auch dies eine wichtige Erfahrung, denn Gartenkunst sollte immer auch der Phantasie Raum schenken.

La Sardinella. Der Teich.

LA DACHA

Ort: Marbella
Eigentümer: Denise und Sioma Schiff

La Dacha. Der Garten.

Dacha, der Name dieses Anwesens, stammt aus dem Russischen und bedeutet soviel wie Landhaus. In dieser Namensgebung spiegelt sich auch die wachsende Internationalität der Costa del Sol, an der viele Ausländer Häuser gebaut haben, um hier einen Teil des Jahres zu verbringen. Das Wohnhaus La Dacha wurde von einem spanischen Architekten entworfen. Es thront auf der Spitze eines steilen Hügels und bietet atemberaubende Ausblicke auf das in der Ferne gelegene Meer. Der Bauherr ist Russe, seine Frau gebürtige Kanadierin und der Gartengestalter, der lange in Kenia arbeitete, Brite. Die Gartenanlage wurde 1983 zunächst von einem ortsansässigen Gartenbaubetrieb bepflanzt; drei Jahre später wurde der Garten von Gerald Huggan neu angelegt. 1987 erhielt er prompt den Preis des Club de Jardínes de la Costa del Sol für den Garten mit den interessantesten botanischen Arten. Der Garten wird allerdings noch lange Jahre wachsen müssen, bis er den von der Planung vorgesehenen Vorstellungen entspricht.

Es ist vor allem Gerald Huggan zu verdanken, daß die ausgewogene Palette der mixed borders, die im wesentlichen ein englischer Beitrag zur Gartenkunst sind, in vielen Gärten an der Costa del Sol um eine Reihe von aufregenden Sorten und Arten erweitert wurde. Die Auftraggeber erwarten gewöhnlich einen fertigen Garten mit ungewöhnlichen Effekten, und in dem milden Klima von Marbella kann diese Erwartung sogar mit besonders spektakulären Formen eingelöst werden.

Wenn man den eng gewundenen Zufahrtsweg hinauf zum Haus zurückgelegt hat, muß man bei einem Besuch von La Dacha überrascht feststellen, daß man von der Terrasse vor der Südseite des Hauses nicht den erwarteten grandiosen Ausblick auf

den Garten hat; ein Großteil der unterhalb der Terrasse gelegenen Gartenanlage kann nicht eingesehen werden. Ebenso kann man auch von der mit Blumenbeeten, Büschen und Bäumen eingefaßten Rasenfläche des Hauptgartens aus nur so eben das Dach des Hauses hoch oben auf dem Hang erkennen, das sich über einer wahren Farbenflut, die wie ein Lavastrom den Hang hinabfließt, erhebt.

Ein schmaler gewundener Weg erschließt das steile Hanggrundstück. Hier kann man ungestört spazierengehen und die sich hinter jeder Kurve bietenden neuen Eindrücke genießen.

Wie kann man nun die Bepflanzung beschreiben? Zunächst ist der Baumbestand zu erwähnen. An der Südflanke des Hügels ist in einer ovalen Rasenfläche ein kleiner Hain mit südamerikanischen Flaschenbäumen (Chorisia insignis und Chorisia speciosa) angelegt worden, von denen schon ein einziges Exemplar mit seinen stacheligen Stämmen und großen Blüten die meisten Gärtner mit Stolz erfüllen würde. Überall auf dem Hang wachsen Kap-Kastanien (Calodendrum capense) aus Südafrika, Jacaranda-Bäume (Jacaranda mimosifolia), die blau blühen, bevor sie Blätter treiben, rosa blühende Robinien (Robinia híspida), Judasbäume (Cercis siliquastrum) und das schnellwachsende Rosenholz (Tipuana tipu). Besonders zu erwähnen ist die Spanische Tanne, die in diesem Garten gedeiht; eine Baumart, die unter Naturschutz steht. Sie ist in der Serranía de Ronda beheimatet, dem etwa 75 Kilometer landeinwärts von Marbella gelegenen Gebirge.

Beim Besuch des Gartens fallen die feinfühlig plazierten modernen Skulpturen auf, die zum Großteil von Alfaro und Elena Lavarón stammen.

La Dacha. Der Garten.

Der Name des Anwesens, Estepa, bedeutet Steppe. Der Begriff bezeichnet auch die salzhaltige Erde des Landstrichs, durch den der Río Genil fließt; ebenso gab er einer Stadt in der Nähe von Osuna, die im Jahre 1240 durch Ferdinand III. von den Mauren zurückerobert wurde, ihren Namen. Im Jahre 1560 verlieh Philipp II. dem Admiral Marcos Centurión den Titel eines Marquis von Estepa; im Jahre 1727 erhob Philipp V. den sechsten Marquis zum Granden von Spanien. Heute ist Borja de Arteaga y Martín der fünfzehnte Marquis, der den Titel von seinem Vater geerbt hat.

Casa Estepa ist einerseits wegen der Anordnung der innenliegenden Gartenbereiche einen Besuch wert – die allgegenwärtigen Patios sind hier mit besonderer Originalität gestaltet worden –, andererseits ist die Gestaltung des weitläufigen Gartenraums sehenswert, der sich, hinter dem Wohnhaus beginnend, gleich einem Fluß sanft bis zum weit enfernten Meer hinunterschwingt. Es gibt vier geschlossene Gartenräume, die nach den vier Himmelsrichtungen ausgerichtet sind und einen Zwischenbereich zwischen draußen und drinnen bilden: den Eingangspatio, die Veranda, das Sommereßzimmer und den Winterpatio. In jedem Patio wachsen besonders ausgewählte Pflanzen. Von den vier Gartenhöfen ist wohl der Winterpatio der interessanteste, sowohl in Hinblick auf die Geschichte der Gartenkunst in Spanien als auch in botanischer Hinsicht. Um eine halbrunde Brunnennische, die in die Mauer an einem Ende des Hofs eingelassen ist, sind Daturapflanzen (Datura metel »Aurea«) gruppiert, deren herrliche gelbe Blütentrompeten einen intensiven Duft verströmen. Daneben wachsen rote Engelstrompeten (Brugmansia sanguinea), mit zart zinnoberroten, gelb geäderten Blüten, die schwieriger zu ziehen sind als andere Sorten ihrer Gattung. Beide Daturaarten wurden im Jahre 1777 von den Botanikern Hipolito Ruiz und José Pavón auf ihrer von König Karl III. geförderten wissenschaftlichen Expeditionsreise in Kolumbien entdeckt. Die Engelstrompete wird im übrigen von den Indios im Andenhochland auch als Rauschmittel verwendet. Außerdem wachsen in diesem Patio Gruppen von Strelitzien (Strelitzia reginae), die aus den subtropischen Regionen Südafrikas kommen. Sie werden im Spanischen wegen ihrer strahlend orangefarbenen und blauen Blüten »pájaro de fuego« – Feuervogel – genannt. Sie bilden einen Kontrast zu den riesigen Blättern der chinesischen Taropflanze (Alocasia cucullata). Ein Fenster dieses Patios ist von einer herrlichen Thunbergia mysorensis, einer Kletterpflanze aus Indien, gerahmt.

Die landschaftsgärtnerische Gestaltung des 20000 Quadratmeter großen Areals ist nicht minder beeindruckend als die der Patios. In einer Gegend, in der Grundstücke nach ihrer Nähe zum Meer bewertet werden, hat Gerald Huggan einen Garten entworfen, der sich über alle Konventionen hinwegsetzt. Das Ungewöhnliche an diesem Gartenentwurf, einem der ersten, den er nach seiner Ankunft aus seiner Wahlheimat Kenia vor dreißig Jahren hier ausführte, ist, daß er sich entgegen allen Erwartungen weigerte, den Ausblick auf das hochgelobte Mittelmeer in sein Gartenbild miteinzubeziehen. In weiten Schwüngen windet sich eine breite Rasenfläche wie ein grüner Fluß vom Wohnhaus hinab zum Meer. Der Weg führt zwischen Baumpflanzungen, Sträuchern und mehrjährigen Pflanzen hindurch, die zum Teil aus Afrika eingeführt wurden. Insbesondere diese afrikanischen Pflanzen wurden zum Erkennungszeichen des Gartenkünstlers. In diesem Garten wird das malerische Element, das in der englischen Landschaftsgestaltung von großer Bedeutung ist, in vollendeter Form umgesetzt. Hinter jeder Kurve bieten sich dem Betrachter neue Ausblicke. In unmittelbarer Nähe des Wohnhauses kann man das ferne Rauschen der Wellen hören, das jedoch von einem dichtgepflanzten Zypressenhain gedämpft wird.

CASA ESTEPA

Ort: Marbella
Eigentümer: Marquis und Marquise von Estepa

Casa Estepa. Der Winterpatio.

SEITE 172
oben: Casa Estepa. Der große Rasen.
unten: Casa Estepa. Neuseeländer Flachs (Phormium tenax).

RESIDENCIA COCA

Ort: Marbella
Eigentümerin: Silvia Moroder de Coca

Vor mehr als dreißig Jahren wählten Silvia Moroder und ihr Mann Ignacio Coca auf einem der Familie Coca gehörenden Besitz ein 25000 Quadratmeter großes Grundstück, auf dem sie ihr Sommerhaus bauen ließen. Das Haus liegt etwas vom Meer entfernt auf einer leichten Anhöhe. Im feinen Sand der langen, einsamen Strände fand Silvia Moroder zu ihrer großen Freude wild wachsende weißblühende, lilienartige Blumen, die sie sammelte und dann auf einer kleinen Düne unterhalb des Hauses ansiedelte. Sie bilden hier zwischen Agaven (Agave ferox), Christusdorn (Euphorbia Milii var. splendens) und Barbados Aloë (Aloe barbadensis) eine kleine blühende, zarte Wolke. Von den mittlerweile stark besuchten Stränden sind diese Blumen leider überall verschwunden. Silvia Moroder fand in den Dünen auch die einheimische Europäische Zwergpalme und gab ihr einen Ehrenplatz im Garten. Für diejenigen, die sich noch an die Costa del Sol erinnern, wie sie in den fünfziger Jahren war, charakterisiert gerade diese Palmenart die damals nur sehr spärliche Vegetation. Die herrlichen Exemplare, die man heute im Garten der Familie Coca findet, sind nicht dadurch verunstaltet worden, daß man ihre eßbaren Herzen geerntet hat, und sie scheinen eine Zeit zu verkörpern, in der die Costa del Sol nur von wenigen Besuchern bereist wurde.

Nachdem Silvia Moroder und Ignacio Coca ihr Haus gebaut hatten, umgaben sie es mit einer Pflanzung von Blaugummibäumen (Eucalyptus globulus) und Strandkiefern (Pinus pinaster) als Schutz vor den Winden aus westlicher und östlicher Richtung. Nun sahen sie sich vor die Aufgabe gestellt, auf dem Gelände zwischen dem Haus und dem Strand einen Garten anzulegen. Das Grundstück umfaßte steile sandige Bereiche, sanft geschwungene Dünen und einen niedrigen Felsvorsprung an der Küste. Die Besitzerin konnte bei dieser schwierigen Aufgabe auf ihre profunden Pflanzenkenntnisse zurückgreifen und im Vertrauen auf ihren ererbten »grünen Daumen« ans Werk gehen. Von frühester Kindheit an eroberte sich Silvia Moroder die herrlichen Täler und Berge des Familienbesitzes auf Gran Canaria auf ihren Entdekkungstouren und lernte die üppige Pflanzenwelt kennen und lieben.

Bevor Silvia Moroder daranging, das Paradies ihrer Kindheit an der Costa del Sol neu zu erschaffen, mußte auf das gesamte Gelände eine Schicht Mutterboden aufgebracht werden. Auf dem sandigen Küstenstreifen hinter den Dünen wurde St.-Augustine-Gras (Stenotaphrum secundatum) gesät. Damit wurde die Anlage des herrlichen Palmenhains vorbereitet, dessen von der Meeresbrise bewegte Wipfel bis zur Terrasse hochragen, von der sie der Besucher zuerst erblickt. Silvia Moroder wußte, daß in der grünen Oase, die sie am Meer schaffen wollte, Palmen und Palmliliengewächse (Yucca) die besten Wachstumschancen hatten. Dreißig Jahre später findet man dies bestätigt. Man sieht ausgewachsene Dattelpalmen, Europäische Zwergpalmen, Riesenyucca (Yucca elephantipes und Yucca aloifolia) und eine Gruppe von vier Washingtonia-Palmen.

Nachdem Silvia Moroder den Palmenhain angelegt hatte, bepflanzte sie die steile Böschung, die sie in einen Garten verwandeln wollte. Zwischen blühenden Büschen wie den bekannten verschiedenen Hibiskusarten (Hibiscus syriacus, Hibiscus rosasinensis, Hibiscus mutabilis und Hibiscus moscheutus) mit ihren leuchtend pinkfarbenen, roten, weißen und gelben Blüten wachsen Schmetterlingssträucher (Buddleja davidii) der Sorten »White Profusion« und »Empire Blue« und so auffallende Pflanzen wie die hochrote Canna (Canna indica), die in der zweiten Hälfte des 16. Jahrhunderts aus Mittelamerika nach Europa eingeführt wurde. Daneben gedeihen Katzenschwänze aus Java (Acalpha hispida) mit ihren samtigen roten Blüten, eine seltene Sorte von Strelitzien (Strelitzia alba) mit schwarzweißen Blüten und Monstera deliciosa, deren unbeschreiblich köstliche Früchte in riesige wachsartige, grünlichweiße Blätter gehüllt sind. Hier wachsen auch Wandelröschen (Lantana camara »Mista«), die in Spanien vielleicht deshalb so weit verbreitet sind, weil die Mischung von roten und gelben Blüten als Anspielung der Natur auf die Farben der spanischen Nationalflagge verstanden wird. Im Spanischen heißt diese Pflanze deshalb auch »banderita«, kleine Flagge. Um die warmen Farben zu neutralisieren, sind in unmittelbarer Nähe silbergraublättrige Baumgamander gepflanzt – Teucrium fructicans mit blaßblauen Blüten und rot blühender Teucrium canariense von den Kanarischen Inseln. Bei den Blumen sind goldbraune Taglilien (Hemerocallis fulva) zu nennen,

oben: Residencia Coca. Der Palmenhain.
unten: Residencia Coca. Treppenanlage, die zum Palmenhain hinunterführt.

Belladonnalilien und Agapanthus (Agapanthus africanus). Aus Las Palmas wurde ein Baum eingeführt, der eine besondere Sensation darstellt. Es handelt sich um ein prächtiges Exemplar des Afrikanischen Tulpenbaums (Spathodea campanulata), der aus Gabun stammt. Diese Baumart gehört zu den schönsten der Welt. Im Sommer erscheint seine Krone flammend orange von der Fülle der sich ständig neu bildenden Blüten.

Mit dem Meer als Grenze des Gartens kann man das Gefühl haben, auf einer paradiesischen Insel zu sein. Mehr als 25 Jahre lang gab es keinen Zaun zwischen Garten und Strand. Am anderen Ende des Palmenhains befand sich ein großer Swimmingpool mit einem Kranz kleiner Hütten. Ein paar Schritte genügten, und der Schwimmer konnte vom Meerwasser ins Süßwasser gleiten.

Residencia Coca.

CASA ANNA MARÍA

Ort: Marbella
Eigentümerin: Fürstin Anna María von Bismarck

Fürstin Anna María von Bismarck ist in Marbella für ihre große Blumenliebe und ihre Leidenschaft für Rosen bekannt. Ihre Züchtungen sicherten ihr auf den meisten Blumenausstellungen, an denen sie teilnahm, zahlreiche Preise und den Titel »Rosenkönigin«. Der Beginn ihres Erfolgs liegt schon einige Jahre zurück, als sie sich ein Grundstück in der heute meistbegehrten Lage von Marbella aussuchte – zwischen der Hauptstraße und dem Strand. In der Folge gelang es Anna María von Bismarck, eine Reihe von anderen bedeutenden Persönlichkeiten nach Marbella zu ziehen, die der Stadt unbestritten zu ihrem Ansehen verholfen haben.

Das Anwesen von Fürstin Anna María besteht aus einer Reihe kleiner, nahe beieinanderstehender Häuser. Baumgruppen, die auch als Schutz gegen Einblicke von der nahen Straße dienen, schaffen eine optische Trennung. Rötliche Steinplatten, die im sorgfältig gemähten Rasen verlegt sind, bilden ein Wegenetz, das die Häuser miteinander verbindet. Die Gebäude wirken verspielt-rustikal und erinnern den Besucher an den Weiler von Königin Marie-Antoinette in Versailles. Der Besucher verläßt nun den von kleinen Häusern umschlossenen Empfangsbereich und geht auf den schmalen Wegen in Richtung Mittelmeer: ein Rundgang, der durchaus einen ganzen Nachmittag ausfüllen kann.

Auf seinem Weg kann man immer wieder Pausen einlegen und die Pflanzen bewundern, die hier, vor Wind und Sonne geschützt, auf der Veranda des langgestreckten niedrigen Gebäudes auf der einen Seite des Gartens gedeihen. Hier, zwischen ihren berühmten, herrlichen Blumenarrangements, empfängt die Fürstin ihre Besucher. Steigt man über eine Außentreppe auf die Dachterrasse hinauf, hat man einen besseren Ausblick auf den Berg La Concha, der weiter im Landesinneren gelegen ist. Von Süden werden die betörenden Düfte des Gartens von der Meeresbrise herangetragen.

Von der Rasenfläche aus kann der Besucher je nach Jahreszeit die Bepflanzung der einfach gestalteten »mixed borders« bewundern. Unter den lebhaften Farben der Blu-

Casa Anna María. Der Garten mit Blick auf das Mittelmeer.

men, die um die Aufmerksamkeit des Betrachters wetteifern, beeindrucken gleichermaßen das helle Rot der Canna indica und das intensive Blau des Rittersporns, das sanfte Rosa der Belladonnalilien und das blasse Blau des Agapanthus campanulatus, wie auch die Farbenvielfalt der Iris germanica und der Spanischen Iris (I. xiphium).

Der Weg hinunter zum Meer wird durch Bäume und Büsche angenehm gestaltet, die häufig als Schattenspender gepflanzt wurden. Hier finden sich vor allem einheimische Baum- und Buscharten, wie zum Beispiel der wilde Ölbaum, auf Spanisch »acebuche«.

Andere Arten kommen von weit her: Aus China und Malaysia stammen die weißen Zwergbauhinia (Bauhinia acuminata) und der im Spätherbst pinkfarben blühende Schmetterlingsbaum (Bauhinia purpurea). Im Herbst blüht ebenfalls der »árbol botella«, der Flaschenbaum (Chorisia speciosa), mit großen pinkfarbenen Blüten. Während seines Wachstums bildet er an seinem Stamm furchteinflößende Dornen aus. Die seidigen Fäden seiner Früchte werden in Lateinamerika als Kissenfülle verwendet.

Aus der Fülle der hier zu entdeckenden Pflanzen sei zum Abschluß die Solandra maxima genannt. Diese bemerkenswerte Pflanze gehört zur Familie der Solanaceae wie die Kartoffel, die Tomate, die Aubergine, der Tabak und auch die rote Paprika. Ihre sehr schönen trompetenförmigen Blüten sind gelblich gefärbt und von purpurfarbenen Linien durchzogen. Sie verströmen einen zarten Duft, der an Aprikosen denken läßt.

Casa Anna María.

Casa Anna María. Blick auf die kleinen Häuschen mit dem La-Concha-Gipfel im Hintergrund.

PATIO DES PALACIO BENAVENTE

Ort: Jérez de la Frontera
Eigentümer: Manuel de Domecq-Zurita

Patio im Palacio Benavente.

Die Stadt Jérez ist wegen ihres Sherrys und der hier gezüchteten andalusischen Pferde berühmt. König Alfons X. von Kastilien und Léon eroberte die Stadt im Jahre 1264 von den Mauren zurück. Er war es auch, der der Familie Cabeza de Vaca y Benavente nach der Reconquista ein Stück Land zuteilte. Dieses Stück Land gelangte später in den Besitz der Familie Zurita-Haro und ging dann an die Familie des Marquis von Campo Real, in deren Besitz es noch heute ist.

Der Palacio Benavente, liegt im ältesten Stadtteil von Jérez und ist der Prototyp eines feudalen andalusischen Stadthauses. Es ist ein Anwesen mit vielen Zimmern, die sich um einen Patio gruppieren, mit Kellern, Stallungen, einer Kapelle und Gärten. Der Palast wurde im Jahre 1545 fertiggestellt; im 16., 17. und 18. Jahrhundert wurde er jedoch mehrfach restauriert. Der Patio, der den vielen Räumen, die sich zu ihm öffnen, Licht, Kühle und Ruhe spendet, ist im Renaissancestil gehalten. Er ist mit Medaillons geschmückt, deren Steinmetzarbeiten Tugenden darstellen. Außerdem sind die Büsten der ersten Besitzer des Hauses, Pedro de Benavente und seine aus Segovia stammende Frau Beatriz Bernalt y Virués, zwischen den Bögen des Arkadengangs, der den Patio umgibt, angebracht. Wie zahlreiche andere private Patios bekam auch dieser Hof im 19. Jahrhundert einen Belag aus Terrakottafliesen. Der Brunnen in der Mitte des Patios besteht aus einem achteckigen Marmorbecken islamischen Ursprungs und einem Pedestal mit zwei Brunnenschalen aus dem 19. Jahrhundert.

Zwei hoch zum Himmel ragende Hanfpalmen rahmen den Brunnen und bilden die einzige ständige Bepflanzung des Innenhofs. Im Patio sind große Blumentöpfe und Pflanzkübel aufgestellt, in denen Pflanzen gedeihen, die im 19. Jahrhundert in Mode waren und als besonders exotisch galten wie Clivien, Monstera deliciosa und Geranien. Wegen des milden Klimas in Andalusien müssen sie nicht als Zimmerpflanzen ins Haus, wie in den meisten anderen Ländern Europas und Nordamerikas.

Die Gartenanlagen des Palasts wurden im Jahre 1630 auf zwei unterschiedlichen Ebenen angelegt und umfassen etwa 1350 Quadratmeter. Der alte »huerto« hat erst kürzlich seine Funktion als Obst- und Gemüsegarten verloren. Der Palacio Benavente wurde 1990 zum Kulturdenkmal erklärt.

VILLA DE LAS SIRENAS

Ort: Costa del Sol

Der traumhaft grüne Hügel oberhalb der breiten Schwemmebene eines Flußtals, das in vielen Windungen zum Mittelmeer führt, wurde von seinem jetzigen Eigentümer noch am gleichen Tag erworben, an dem er ihn entdeckte. Von hier hat man einen herrlichen Blick auf den Felsen von Gibraltar und an klaren Tagen sogar bis zur Küste von Nordafrika, wo sich der Besitzer des Anwesens ebenfalls gerne aufhält. Dieser Hügel bot seinem neuen Eigentümer die Gelegenheit, hier einzig zu seinem Vergnügen eine Villa nach seinen Vorstellungen bauen zu lassen: So entstand hier im 20. Jahrhundert ein Bauwerk im Stil der Renaissance.

Der Weg hinauf zur Villa de las Sirenas beginnt, wenig verheißungsvoll, auf der staubigen Hauptstraße eines Dorfs am Fuße des Hügels. Von Ferne kann man allenfalls einen Teil der Palastkuppel sehen, die sich hinter einer schützenden Wand von Zypressen gegen den Himmel abhebt. Den Eingang des Landguts bewachen zwei Sphingen, die auf den Torpfosten ruhen. Dieses Skulpturenmotiv war insbesondere im Barock und im Klassizismus eine beliebte Gartendekoration. Hier weisen die Skulpturen auf die Geheimnisse einer anderen Welt hin, derer man noch nicht gewahr wird, wenn man die breite, etwa hundert Meter lange und unbefestigte Straße entlanggeht, die in einer langgezogenen Kurve zwischen einer Doppelallee aus Zypressen verläuft.

Aus diesem dunklen Tunnel gelangt der Besucher auf einen weiträumigen, vor dem Ostflügel der Villa gelegenen Platz, in dessen Mitte ein großes Wasserbecken in den Rasen eingelassen ist. Dies ist nur einer von mehreren beeindruckend schönen, architektonisch gestalteten Außenräumen, die unmittelbar neben der Residenz des Eigentümers angelegt sind. Vom Portalbogen über dem Eingang blicken Sirenen auf den Besucher herab; diese Skulpturen gaben der Villa den Namen. Man geht nun um die südöstliche Ecke des Gebäudes und gelangt auf eine Rasenterrasse, auf der auch einige Pinien stehen. Hier befindet sich der Eingang zu dem kuppelgekrönten Palast im Renaissancestil, von dem aus sich atemberaubende Ausblicke auf das Meer bieten.

Villa de las Sirenas.

Der Eigentümer hat den Entwurf der Villa von innen nach außen entwickelt. Bei der Umsetzung seiner Vorstellungen wurde er durch den Architekten Cervantes Martínez unterstützt, der für die Gestaltung des Palasts verantwortlich war. Der phantastische Skulpturenschmuck stammt von dem in Rom lebenden amerikanischen Architekten Zev und dem Bildhauer Christopher Hobbs. Die namengebenden Sirenen tauchen auch an der Traufe des Gebäudes auf. Diese Verhängnis bringenden Sängerinnen aus der Mythologie versinnbildlichen unerfüllbare Wünsche.

Die erwähnte Gruppe von Gestaltern wurde ebenfalls mit dem Entwurf und der Ausführung der architektonischen Elemente und der Skulpturen beauftragt, die im Garten zu beiden Seiten der langen, von Osten nach Westen verlaufenden Achse plaziert sind, die von der Villa markiert wird. Das Motiv des quadratischen Platzes, dem man bereits am Eingang begegnet, wird mehrfach wiederholt; Treppen schaffen Perspektiven und erweitern den Garten optisch.

Man kann seinen Gartenbesuch im Rosengarten vor der Westseite des Palasts beginnen. Dieser Gartenbereich ist der Mondgöttin Diana gewidmet. Eine schöne Treppenanlage führt zu einem breiten Weg, der mit hochkant gestellten Ziegeln gepflastert ist. Er wird von den Bäumen der oberhalb gelegenen Terrasse gerahmt.

Von hier aus führt eine steile Treppe hinunter zu einem breiten Rasenweg. Dieser wird von Zypressen gesäumt, die dicht mit weißem Oleander und weißen Spiräen unterpflanzt sind. Vom obersten Punkt der Treppenanlage öffnet sich der Blick in die umgebende Landschaft bis zum Meer am Horizont. Widersteht man der Versuchung hinabzugehen und wendet sich statt dessen wieder zurück, entdeckt man in der Mitte des terrassenartigen Wegs einen schmalen Kanal mit munter fließendem Wasser. Der Wasserlauf führt den Besucher zu dem kunstvollsten und verspieltesten »Capriccio« dieses Gartens, dem Wasserparterre mit Nymphäum. Vom Torbogen, durch den man diesen mauerumschlossenen Gartenraum betritt, sieht man auf der gegenüberliegenden Seite eine Nische, in der die überlebensgroße Büste einer Neptunsgestalt hinter einem Wasservorhang hervorschaut. Der mächtige Meeresgott, dessen riesige Hand

Villa de las Sirenas. Der Rosengarten.

SEITE 182
oben: Villa de las Sirenas. Der Springbrunnen im Vorhof.
unten: Villa de las Sirenas. Der Swimmingpool auf der Terrasse.

auf dem Rand des Beckens ruht, scheint jeden Augenblick heraussteigen zu wollen. Die Neptunsfigur beherrscht das Nymphäum, das an der Ostseite der Villa auf einer niedrigeren Ebene angelegt ist. Dieser Gartenbereich, in dem Wasser das beherrschende Element ist, umfaßt etwa 1000 Quadratmeter. Das Wasserparterre ist als Ensemble von vier quadratischen Wasserbecken angelegt. Kreuzförmig angeordnete und leicht erhöhte balustradengesäumte Wege gliedern den Gartenraum und geben ihm einen Mittelpunkt. Die Architekten dieses außergewöhnlichen Gartenraums mußten das Gelände mehr als fünf Meter abtragen, um die gewünschte ebene Fläche zu erhalten.

Der Eigentümer der Villa de las Sirenas begann im Jahre 1974 mit den Arbeiten. Zuerst baute er sich das Wohnhaus und ließ dann den Garten anlegen. Der Landschaftsarchitekt Leandro Silva Delgado hatte einen bedeutenden Anteil an der Planung. Beide Männer verbindet ihre Leidenschaft für die arabische Kultur, die sich hier bereits in der Wahl des Grundstücks zeigt. Es liegt auf einer Anhöhe und bietet phantastische Ausblicke. Des weiteren zeigt sie sich im phantasievollen Einsatz von Wasser und dem Rückgriff auf traditionelle Gartenpflanzen der hispano-arabischen Kultur, wie etwa die Myrte. Leandro Silva hat in seinem Entwurf für den sich immer weiter entwickelnden Garten eine beeindruckende Anzahl von botanischen Kostbarkeiten eingeplant. Diese Bäume und Sträucher bilden nun die Prachtstücke in der Fülle von Grün auf dem Hügel. Vom Gipfel des Hügels können der Besitzer und seine Gäste Ausblicke genießen, die von prächtigen Alleen geleitet werden und die bis zum Horizont reichen. Abschließend sei die neueste Gartengestaltung genannt, die wohl das kühnste Unternehmen dieser Gartenanlage ist: der islamisch inspirierte Palmenhain, in dem zweitausend Dattel- und Washingtonia-Palmen wachsen, zwischen die Mimosen gepflanzt sind.

Villa de las Sirenas. Blick entlang der Zypressenallee in Richtung Mittelmeer.

La Villa de las Sirenas. Treppenanlage, die vom Rosengarten nach oben führt.

Villa de las Sirenas. Die von Bäumen gesäumte Terrasse führt zum Nymphäum.

Villa de las Sirenas. Das Nymphäum.

SEITE 187 *Villa de las Sirenas. Der Neptunbrunnen.*

LA MAJADA DEL LENTISCO

Ort: Sotogrande
Eigentümerin: Mary Melian Zobel

La Majada del Lentisco.

Majada ist ein altes kastilisches Wort lateinischen Ursprungs und bezeichnet einen Schafpferch, in dem Schäfer und Herde geschützt sind. Es bezieht sich auf die Netze oder das Flechtwerk, mit dem ursprünglich die Schafherde eingezäunt wurde. »Lentisco«, der Mastixstrauch (Pistacia lentiscus), ist im gesamten Mittelmeerraum beheimatet, und bereits die alten Griechen kannten das feine Harz, den Mastix. Dieser Strauch gehörte zu den Pflanzen auf dem einfachen »cortijo«, dem Bauernhof, auf dem sich Alfredo Melian Zobel niederließ, bevor Sotogrande zum schicken Urlaubsort wurde. Er war einer der ersten, die Sotogrande entdeckten und seine Entwicklung maßgeblich beeinflußten.

Im Jahre 1966 vollendete Alfredo Melian Zobel sein Haus in diesem Ort. Es war das erste Haus, das ein Fremder hier baute. In seinen Dimensionen und seiner Ausstrahlung entspricht es den Vorstellungen der oberen Mittelklasse des ausgehenden 19. Jahrhunderts. Mit seinen hohen Zimmerdecken, den vertikalen Fenstern und den schmiedeeisernen Balkonen, die den Charakter der andalusischen Dörfer am Meer widerspiegeln, ist es auch den Häusern im Kolonialstil verwandt, wie sie um die Jahrhundertwende in Tanger, Havanna und Manila in Mode waren.

Im Osten wird das 8000 Quadratmeter große Anwesen von einem Golfplatz begrenzt, wodurch das Grundstück viel weitläufiger wirkt, als es tatsächlich ist. Der Entschluß, die heimischen Kork-Eichen zu erhalten, beweist nicht nur das hohe Verantwortungsgefühl der Eigentümer gegenüber der Umwelt und der Geschichte, sondern er ermöglichte es der sehr zurückgezogen lebenden Familie, eine scheinbar undurchdringliche Barriere zwischen dem Wohnhaus und der Straße zu erhalten, so daß der Besucher erst einen grünen Tunnel passieren und eine steile Auffahrt herauffahren muß. Es ist nicht übertrieben, die Majada del Lentisco als Kork-Eichenwäldchen zu bezeichnen, auch wenn hier noch andere Pflanzen wachsen. Denn dieser Baum, der einen sauren Boden braucht und ursprünglich im Süden Spaniens und in Nordafrika beheimatet ist, fühlt sich hier ausgesprochen wohl. Diese Bäume bieten dem herrlichen Garten, den Mary Melian Zobel, die aus den amerikanischen Südstaaten stammende Bauherrin, hier angelegt hat, den nötigen Schutz.

Unter den weit ausladenden Kronen der Stein-Eichen wachsen Erdbeerbaum, Myrte, Faulbaum (Rhamnus Frangula), Rosmarin, Mäusedorn (Ruscus aculeatus), Zistrose (Cistus saloifolius), Ginster, Schopflavendel (Lavendula stoechas subsp. pedunculata), Heidekraut, Erika, Jasmin (Jasminum fruticans) und natürlich auch der Mastixstrauch. Der Besucher wird über Rasenflächen geleitet, die von diesen Pflanzen gerahmt sind, und gelangt zu einem diskret versteckten Gartenraum mit einem Swimmingpool, der durch einen kleinen Pavillon vervollständigt wird. Diese Casa de Nácar, das Perlmutthaus, trägt ihren Namen nach den durchscheinenden, schuppenartig angeordneten Perlmuttplättchen, mit denen die Felder zwischen den Ständern aus dunklem Holz verziert sind, aus denen der Pavillon konstruiert ist. Weiter entfernt schließt sich ein leicht abschüssiger Gartenbereich an, der von Stein-Eichen und Zypressen gerahmt wird. Dieser Teil des Gartens wurde von dem englischen Gartenarchitekten Russell Page (1906-1985) angelegt und bepflanzt. Er hat hier in der ihm eigenen kühnen Art eine betörende Mischung von Blumen, Ziergehölzen und Kräutern gestaltet: In einträchtiger Harmonie wachsen hier Rosen, Tomaten, Granatapfelbäume, Oregano, Schnittlauch, Nelken, Orangenbäume und Veilchen. Im Mai, zur Zeit der Rosenblüte, sind die Rosenbeete in eine Fülle weißen Flors gehüllt.

Am anderen Ende des Gartens, in der Nähe des Wohnhauses, wachsen im Rasen dicht vor der Terrasse Dattelpalmen von den Kanarischen Inseln. Hier nimmt die Familie oft im Schatten einer Weinpergola ihre Mahlzeiten ein. Der Weinstock wurde aus dem Garten eines alten Hotels in Málaga gerettet und hierher gebracht. Eine weiße Hängematte schaukelt wie ein Gruß aus Marys Kindheitstagen in den Südstaaten zwischen zwei Stein-Eichen und lädt zum Ausruhen ein.

Mary Melian Zobel hat zwei ungewöhnlich schöne Patios gestaltet, die völlig unterschiedlich sind. Der größere ist der Vorhalle und dem Wohnzimmer vorgelagert und vom übrigen Garten durch eine Mauer getrennt. Nur durch einen Torbogen, der mit einem schmiedeeisernen Tor verschlossen ist, gelangt man in den Garten. Dieser Patio atmet eine Atmosphäre, die eher dem Kolonialstil des Hauses entspricht als den römischen oder arabischen Patios, die man sonst überall findet. Kaskaden duftender

gelber Banksrosen umschmeicheln eine kleine Brunnennische in der Mauer, die mit Votivschalen umgeben ist. Zusammen mit der reinweißen »Schneewittchen«-Floribundarose und dem Honigstrauch (Melianthus major) mit seinen intensiv rötlichbraunen Blüten, die einen betörenden Duft verströmen, und seinem attraktiven Blattwerk trägt dieses Ensemble zur charmanten Atmosphäre des Fin de siècle in diesem Gartenraum bei. Weiße Hedychium coronarium und weißblühende Blattkakteen der Sorte Epiphyllum oxypetalum wachsen hier in wunderschönen Keramiktöpfen. In diesem Garten findet man, sozusagen als Vermächtnis seiner Schöpferin, die herrlichste Kollektion von Dahlia excelsa, die man in einem spanischen Garten sehen kann. Diese Dahlie blühte vor zweihundert Jahren zum ersten Mal in Spanien. Sie wurde 1789 aus Mexiko eingeführt und im Real Jardín Botánico in Madrid angepflanzt.

Der kleinere der beiden Patios bildet das Herzstück des Hauses. Er ist nur vom Schlafzimmer der Besitzerin her zugänglich. Seine Bepflanzung wirkt wie ein Echo auf die blauen »azulejos«, mit denen der Patio und das angrenzende Badezimmer gefliest sind. Auch hier gibt es einen kleinen Wandbrunnen. In Tontöpfen wachsen Farne und Palmen. Auf den weißgekalkten Mauern sind Bambusstangen über Kreuz gelegt, die einer blau blühenden Thunbergia grandiflora Stütze bietet, deren Blüten hinunter in den Patio fallen.

La Majada del Lentisco. Die Terrasse bei Sonnenuntergang.

La Majada del Lentisco. Die von Russell Page gestalteten Rosenbeete.

La Majada del Lentisco. Der kleine Patio.

SEITE 191
La Majada del Lentisco. Der große Patio.

Es sieht so aus, als ob die Freizeitgesellschaft, die sich an der Costa del Sol niedergelassen hat, vollends von der Gartenlust ergriffen sei. Nicht immer klug beraten, nutzt man hier die Vorteile des milden Klimas und führt vielerlei exotische Pflanzen ein, die sich schnell akklimatisieren und sich dann wirklich atemberaubend entwickeln. Mit Sicherheit haben die spanischen Gärten durch die Pflanzen, die von anderen Kontinenten eingeführt worden sind, eine unermeßliche Bereicherung erfahren. Wer könnte sich heute Andalusien ohne die aus Südafrika stammenden Geranien vorstellen? Aber eine gewachsene Kultur nimmt neue Arten immer nur sehr zögernd auf. Erst in den letzten 25 Jahren sind exotische Gewächse zu weit verbreiteten Pflanzen geworden – zum einen befriedigen sie den Drang nach Neuem, zum anderen sind es kommerzielle Gründe, und schließlich spielt dabei auch Ignoranz eine gewisse Rolle –, so daß heute große Teile der spanischen Mittelmeerküste an tropische Regenwälder erinnern.

Vor diesem Hintergrund ist es um so erstaunlicher, daß man in der Ferienhaus-Kolonie von Sotogrande einen Garten entdeckt, der durch seine Zurückhaltung beeindruckt und in dem das gesamte Erbe der römischen und arabischen Gartenkultur

WOHNHAUS

Ort: Sotogrande
Eigentümer: Alfonso Zobel

Wohnhaus in Sotogrande. Der kleine Patio.

SEITE 192
Wohnhaus in Sotogrande. Der Hauptpatio.

Wohnhaus in Sotogrande. Der Hauptpatio vom Haus aus gesehen.

zusammengefaßt ist. Vom Vorhof aus betrachtet, der mit weißem Oleander und weißen Rosen bepflanzt und von einer Myrtenhecke umschlossen ist, bietet das niedrige weiße Haus, das Alfonso Zobel im Jahre 1972 baute, ein ausgesprochen ruhiges und klares Bild.

In dem mit Marmor ausgekleideten Vestibül wird der Besucher von einer steinernen Sphinx empfangen und in einen kleinen Raum mit einem in den Boden eingelassenen Springbrunnen geführt, in dem als einziger Schmuck ein üppiger Farn wächst. Hier erfährt man bereits etwas von dem Perfektionismus und der vornehmen Zurückhaltung, die in diesem Hause herrschen. Auf einer Seite des in kühler Eleganz gehaltenen Eßzimmers öffnet sich eine beeindruckende Flügeltür aus geschnitztem Eichenholz zu einem Patio, der ein wahres Juwel ist. Im Zentrum dieses Patios ist ein maurisch inspirierter Springbrunnen in den Marmorboden eingelassen. Kleine Kanäle, die ihren Ausgangspunkt beim Brunnen in der Mitte haben, unterteilen den Hof in vier quadratische Felder, die jeweils von einem kugelig beschnittenen Orangenbaum markiert werden. An den Seiten des Patios und an den Pfeilern des Bogengangs werden die in sich gewundenen Stämme von Clytostoma binatum, einer Pflanzenart aus Mittel- und Südamerika, emporgeleitet, die zur Blütezeit eine Fülle malvenfarbener Blüten hervorbringen.

Auch der Blick vom Wohnzimmer auf den Hauptpatio mit dem Swimmingpool ist sehr beeindruckend. Hier wird deutlich, daß ein Swimmingpool, der in der drückenden Hitze Südspaniens für ein angenehmes Leben wirklich unverzichtbar ist, nicht nur als zufälliges Anhängsel zu behandeln ist. Ein Wasserbecken kann der großartige Mittelpunkt eines formalen Gartens sein, wie man schon am Beispiel des Patio de los Arrayanes in der Alhambra sehen kann.

Neben der Anspielung auf arabische Vorbilder hat dieser langgestreckte, blaugeflie-

ste Swimmingpool in der Mitte des Patios etwas unbestreitbar Römisches. Dazu trägt natürlich auch die imperiale Büste eines Mannes bei, die ein Museum schmücken könnte. Die Büste blickt von einem sicheren Sockel vor der Zypressenhecke auf einer der Längsseiten des Patios über die zum Bad einladende Wasserfläche. In der Abenddämmerung auf der Terrasse vor dem Wohnzimmer sitzend und die sich kräuselnde Wasseroberfläche betrachtend, genießt der Besucher die friedvolle Atmosphäre und die klare architektonische Gestaltung der Umgebung. Am anderen Ende des Swimmingpools gelangt man durch eine säulengetragene offene Loggia in den Garten auf der gegenüberliegenden Seite. Die Loggia ist von drei hoch in den Himmel ragenden, asymmetrisch angeordneten Zypressen gerahmt. Wenn es Nacht wird, leuchten die weißen Wände; das Wasser schimmert, und die Zypressen werden zu schwarzen Wächtern.

Eine Terrasse auf der anderen Seite der Loggia bildet den Abschluß des Hauptpatios. Hier sind Pomeranzenbäume gepflanzt, die in Beeten wachsen, die ihrerseits von niedrigen Buchshecken umgeben sind. An dieser Stelle fällt das Gelände steil ab. Eine Treppenanlage führt in den unteren Gartenbereich, der von Russell Page gestaltet wurde. Russell Page besichtigte das Haus während der Bauzeit, und ohne ein Wort zu verlieren, fing er mit der Planung an. – Man kann seine Handschrift natürlich auch in der Bepflanzung der Patios erkennen. – Der Respekt, den Alfonso Zobel der heimischen Vegetation auf dem mageren Boden seines 6000 Quadratmeter großen Grundstücks entgegenbringt, zeigt sich in dem dichten Stein-Eichen- und Kork-Eichenwäldchen, das von Zypressenreihen durchzogen wird, die von Russell Page entworfen wurden. Die mit Ziegel gepflasterten Wege sind von dicht gepflanzten Abelia schumannii gesäumt, und der schattige Waldboden ist mit Efeu und Nephrolepsis exaltata unterpflanzt.

Wohnhaus in Sotogrande. Der Hauptpatio vom Garten aus gesehen.

MADRID

1 Patio de Los Evangelistas, Monasterio de San Lorenzo de El Escorial
2 Los Molinillos
3 La Mirada
4 La Yedra
5 Calle Turégano
6 El Capricho de la Alameda de Osuna
7 Jardín de El Príncipe, Aranjuez

KASTILIEN

PROVINZ GUADALAJARA

8 Piedras Menaras
9 Real Fábrica de Paños, Brihuega

PROVINZ SORIA

10 Töpfegarten, Medinaceli

PROVINZ TOLEDO

11 Los Palacios de Galiana
12 Castillo de Layos
13 El Castañar
14 Santa María de las Nieves

PROVINZ SEGOVIA

15 La Granja de San Ildefonso
16 El Romeral de San Marcos

GALICIEN

PROVINZ PONTEVEDRA

17 Palacio de Oca
18 La Saleta

PROVINZ CORUÑA

19 Monasterio de San Lorenzo de Trasouto
20 Pazo de Ortigueira

KATALONIEN

PROVINZ TARRAGONA

21 Monasterio de Poblet

PROVINZ BARCELONA

22 Wohnhaus Cambó

PROVINZ GERONA

23 Hortus Botanicus Marimurtra
24 Santa Clotilde

BALEAREN

MALLORCA

25 Alfabia
26 S'Avall

VALENCIA

PROVINZ VALENCIA

27 Monforte

PROVINZ ALICANTE

28 Huerto del Cura

ANDALUSIEN

PROVINZ GRANADA

29 La Alhambra
30 El Generalife
31 El Albaicín und der Carmen de los Cipreses
32 Carmen de la Fundación Rodríguez Acosta
33 Jardines de Narváez

PROVINZ CÓRDOBA

34 Patios, Córdoba

PROVINZ SEVILLA

35 Patio de los Naranjos
36 Patios, Sevilla
37 Casa de Pilatos

PROVINZ MÁLAGA

38 Los Llanos
39 La Sardinella
40 La Dacha
41 Casa Estepa
42 Residencia Coca
43 Casa Anna María

PROVINZ CÁDIZ

44 Patio des Palacio Benavente
45 Villa de las Sirenas
46 La Majada del Lentisco
47 Wohnhaus in Sotogrande

Register